U0052770

世界哲學家叢書

方 以 智

劉 君 燦 著

2001

東 大 圖 書 公 司 印 行

國家圖書館出版品預行編目資料

方以智／劉君燦著．－－初版二刷．－－臺北市；　東
大，民90
　　面；　公分

ISBN 957-19-0130-X　（精裝）
ISBN 957-19-0131-8　（平裝）

網路書店位址　http://www.sanmin.com.tw

著作人　劉君燦
發行人　劉仲文
著作財　東大圖書股份有限公司
產權人　臺北市復興北路三八六號
發行所　東大圖書股份有限公司
　　　　地址／臺北市復興北路三八六號
　　　　電話／二五〇〇六六〇〇
　　　　郵撥／〇一〇七一七五──〇號
印刷所　東大圖書股份有限公司
門市部　復北店／臺北市復興北路三八六號
　　　　重南店／臺北市重慶南路一段六十一號
初版一刷　中華民國七十七年八月
初版二刷　中華民國九十年三月
編　號　E 12050
基本定價　參元貳角
行政院新聞局登記證局版臺業字第〇一九七號

《世界哲學家叢書》總序

　　本叢書的出版計劃原先出於三民書局董事長劉振強先生多年來的構想，曾先向政通提出，並希望我們兩人共同負責主編工作。一九八四年二月底，偉勳應邀訪問香港中文大學哲學系，三月中旬順道來臺，卽與政通拜訪劉先生，在三民書局二樓辦公室商談有關叢書出版的初步計劃。我們十分贊同劉先生的構想，認為此套叢書（預計百冊以上）如能順利完成，當是學術文化出版事業的一大創舉與突破，也就當場答應劉先生的誠懇邀請，共同擔任叢書主編。兩人私下也為叢書的計劃討論多次，擬定了「撰稿細則」，以求各書可循的統一規格，尤其在內容上特別要求各書必須包括 (1) 原哲學思想家的生平；(2) 時代背景與社會環境；(3) 思想傳承與改造；(4) 思想特徵及其獨創性；(5) 歷史地位；(6) 對後世的影響（包括歷代對他的評價），以及 (7) 思想的現代意義。

　　作為叢書主編，我們都了解到，以目前極有限的財源、人力與時間，要去完成多達三、四百冊的大規模而齊全的叢書，根本是不可能的事。光就人力一點來說，少數教授學者由於個人的某些困難（如筆債太多之類），不克參加；因此我們曾對較有餘力的簽約作者，暗示過繼續邀請他們多撰一兩本書的可能性。遺憾

的是，此刻在政治上整個中國仍然處於「一分為二」的艱苦狀態，加上馬列教條的種種限制，我們不可能邀請大陸學者參與撰寫工作。不過到目前為止，我們已經獲得八十位以上海內外的學者精英全力支持，包括臺灣、香港、新加坡、澳洲、美國、西德與加拿大七個地區；難得的是，更包括了日本與大韓民國好多位名流學者加入叢書作者的陣容，增加不少叢書的國際光彩。韓國的國際退溪學會也在定期月刊《退溪學界消息》鄭重推薦叢書兩次，我們藉此機會表示謝意。

原則上，本叢書應該包括古今中外所有著名的哲學思想家，但是除了財源問題之外也有人才不足的實際困難。就西方哲學來說，一大半作者的專長與興趣都集中在現代哲學部門，反映着我們在近代哲學的專門人才不太充足。再就東方哲學而言，印度哲學部門很難找到適當的專家與作者；至於貫穿整個亞洲思想文化的佛教部門，在中、韓兩國的佛教思想家方面雖有十位左右的作者參加，日本佛教與印度佛教方面卻仍近乎空白。人才與作者最多的是在儒家思想家這個部門，包括中、韓、日三國的儒學發展在內，最能令人滿意。總之，我們尋找叢書作者所遭遇到的這些困難，對於我們有一學術研究的重要啟示（或不如說是警號）：我們在印度思想、日本佛教以及西方哲學方面至今仍無高度的研究成果，我們必須早日設法彌補這些方面的人才缺失，以便提高我們的學術水平。相比之下，鄰邦日本一百多年來已造就了東西方哲學幾乎每一部門的專家學者，足資借鏡，有待我們迎頭趕上。

以儒、道、佛三家為主的中國哲學，可以說是傳統中國思想與文化的本有根基，有待我們經過一番批判的繼承與創造的發

展，重新提高它在世界哲學應有的地位。為了解決此一時代課題，我們實有必要重新比較中國哲學與（包括西方與日、韓、印等東方國家在內的）外國哲學的優劣長短，從中設法開闢一條合乎未來中國所需求的哲學理路。我們衷心盼望，本叢書將有助於讀者對此時代課題的深切關注與反思，且有助於中外哲學之間更進一步的交流與會通。

　　最後，我們應該強調，中國目前雖仍處於「一分為二」的政治局面，但是海峽兩岸的每一知識份子都應具有「文化中國」的共識共認，為了祖國傳統思想與文化的繼往開來承擔一份責任，這也是我們主編《世界哲學家叢書》的一大旨趣。

傅偉勳　韋政通

一九八六年五月四日

公子行徑，國士胸懷，哲學抱負—代序

　　一個人一生的思想行事，後世論之，往往一個時代有一個時代的評價和關心所在，這本是很自然的事，而方以智的學問幾遍及明代的一切學術創建，後世學風不同，着重自也不一，如清重其考據，民初重其科學與語言學的努力，今又重其哲學思想等。至於其一生行事，在清連帶其著作大抵都湮沒不彰，民國始有人重其忠孝節義之情，而考其事蹟與著作，本書承諸賢之後，得諸賢考訂之便，想勾劃方以智悲劇壯美的一生及其思想哲學的視野與成就，個人自信是相當完整的評述，因以公子行徑，國士胸懷，哲學抱負為題寫此序文。

　　方以智早年行事一方面是名士風流，一方面是忠孝感天，其狂歌達旦，浪跡市中之事，固見其率真的一面，但時人多以通脫短之，其跪闕救父，敵虜不屈則又為人所善道，至於其辭章書畫，學問成就亦有其平遠有致，或得道古今之處，如《物理小識》與《通雅》之科學或考據成就屢為人所稱道。中年以後，逃禪存忠孝之全，並致力科學思想與哲學傳統之開闡闡發，思文化思想以救世，亦有其不凡的抱負與成就，晚年更投江殉民族大節，一世凜然，令人敬佩，惟其思想學問三百年來，幾多不彰，筆者修習物理科學，又略通文史哲，因而對其科學、哲學的成

就，較能平實而論，而自撰述本書以來，閱及有關方以智的著作不少，領會之餘，對他文化救世眼光之遠大，視野之遼闊，十分傾心，而以儒會道釋，兼致西學，所給我們後人之教益者，實所非淺。今世又係亂世，以文化救世人或認為迂緩，然孔子之學豈不使中華民族卓發兩千年，此亦筆者評述方以智的思想與生平所深感者，盼讀者亦能以此角度披閱其得失，因以為序。

劉君燦

民國七十七年四月六日

方 以 智　目次

第一章　方以智的生平與所處時代

一、方以智所處時代之文化、政治背景

　　方以智所處的時代是明末清初，在文化上明代是中國傳統文化的興盛後期，而宋代是中國文化的興盛前期，這無論就思想上宋明理學的並稱，科技上宋明的交互輝映，而明代收其成，乃至社會結構上宋代是布衣卿相之局，而明代中葉以後則走入平民社會之局，大都如是。

　　以思想上而言，宋儒的闢佛老，其實是消化吸收了佛道思想，自是儒家心性之學大興，而併生光大的氣類思想對自然哲學，乃至自然科學也雲湧不少，程朱一脈因是也較重道問學與格物致知，相應的兩宋科技極為輝燦，由指南針而形成的羅盤始用於航海，如 1111 年朱彧的《萍洲可談》就有可乘數百人的大海舶「夜觀星，晝觀日，天晦則用指南針」的記載，1044 年曾公亮的《武經總要》還提到利用熱殘磁效應製指南魚的事情，此外火藥之成火器並用以抵禦金元，迭著戰功也在兩宋，至於印刷術，包括活字版也大興於宋，至今宋版書的精美猶為人所稱道。也由於心性之學的倡導，盛行唐代，迭傷人命的外丹鍊製漸不行，而

改行氣功，內功見長的功夫，甚至影響到修養醫護之學……。

到了明代，程朱之學形成官學，有八股支離僵化之譏，士子畏禍兼避支離，在理論型態上較重尊德性，陸九淵（1139～1193）的心學遂又抬頭，然朱子格物致知之說也並非純係外馳，王陽明（1472～1529）格竹不成大悟後所成者乃內外合一之道，由反求諸己而知凡人皆有可知天道之心，士農工商同體同心，發而之外足以明人己，羣己之分際，尊德性與道問學乃一體的兩面，如內外兼修更可成人間的事功道業，陽明本身便是一學問、事功兼具的典型，這理論型態半由理路的自然發展而來，半由社會經濟與科技的變遷而來，我國社會型態自宋元明初，再在安定中發展到明代中葉，已成平民社會之局，印刷術、版畫等的發達，使得詩詞對聯走入廟宇、民宅，明代民間宗教之盛起，在文明背景上其法器、符籙、善書之傳播與印刷術、紡織術關係密切；陽明洞燭文化之變遷，適時提出四民一體說，人人皆可成聖賢，以期儒學精神普入民間，而印刷術、版畫亦開啟了文學上十萬字，百萬字圖文並茂小說之局，這使得儒家忠孝節義，風花雪月的思想深入民間社會，並及民間宗教，唐伯虎三笑姻緣乃至唐祝文周之風韻，至今猶流傳不絕，而明末在內外政局上節義之士之多，遠邁各朝，不是偶然。當然印刷術也使八股制舉選文之事盛行，猶如今天的聯考應試叢書。這諸般事件再配合運河等交通之利便，經濟上之活絡，士子結社吟詠之風大興，黨社之事在明代獨盛自有其外因內緣，這一方面砥礪了士人氣節，一方面也造成了士人的黨爭，至明末不絕，在政治上可能對明朝之傾覆不無影響。

明朝的政制因太祖朱元璋、明成祖之誤，廷杖、宦官之禍不絕，但士人氣節亦爲各朝之冠，陸王心學厥功甚偉，惟心學之弊

亦在過分反求諸己，不是如劉宗周（1578~1645）走入愼獨的死巷，就是狂禪以破社會僵化的禮教，明末顧炎武（亭林，1613~1682）曾謂：「今之理學，禪學也！」❶，的確是儒家吸收佛老，大談心性之學，在政治環境下，逐漸鳴高所造成的結局，因爲愼獨與狂禪都是反求諸己過甚的結果，只不過一內斂，一外放而已，而這也許就是王學的右派、左派之分吧！

陽明之後，其朋友門人，及再傳弟子中，能內外兼修，在學問與事功上都有所成的實無一人，事實上陽明也是中國歷史上思想家的唯一例子，這原因除了陽明本人的努力外，時勢之所成也是外緣。但如明代的政經環境變好，王學左右派也不致都走入反求諸己過甚的路子。當然即使陽明及其弟子再努力，某些明代的政制是不太容易革新的，這一方面是陽明本身及其所學的限制，一方面是當時傳統政制的無可奈何。

不過陽明承之朱子經世的一面以及當時朱子四書爲官學所造成的影響，在學問的外馳方面，是考據學自明代中葉後慢慢興起，溯諸原典的呼聲自朱陸異同之爭中浮現。在政經方面，由於經濟活絡，遂有通貨一致的要求，乃有張居正（1525~1582）銀本位的一條鞭法，這使得明中葉以後，社會經濟相當富裕，尤其是江南一帶，也使得不少學者認爲是中國資本主義的萌芽，乃至資本社會的興起❷，只不過我認爲這種資本社會型態是農業資本

---

❶　見〈與施愚山書〉，《顧亭林文集》卷三，（臺北，世界書局，民國 52 年）。

❷　臺北坊間翻印大陸及西方論此的著作甚多，如谷風出版社印有傅衣凌的《明代江南市民經濟試探》、《明清時代商人及商業資本》兩書，以及《中國資本主義萌芽問題討論集》（續編）等。

社會，與西方資本主義大相異趣，所以也不必過分附會，因爲這種附會，無論是崇洋或貶洋都不好，視之爲中國平民社會傾向的特色卽可，只不過在不良的政制之下，知識分子因一方面醉心心性之學，經世的眼光、視野乃至學問都不夠，反因土地兼併，商業剝削，遂在外患下逼出內亂，明代遂在外患內憂及士人黨爭之下而亡（事實上李自成之下的知識分子也可算是明代黨爭下的一黨），而農業資本社會的曙光也一閃而滅，沒有產生健全的平民社會，使中國文明、文化向前邁進，反因異族入主中原，除了考據詞章外，文化思想與經濟科技兩斷，除了銀本位制與廟宇聯對，小說創作這些平民社會的遺緒外，別無承傳，倒是八股制士，文字凶獄比之明代有過之而無不及，再加上自絕西學的輸入，適逢西方擴張型文明的勃興，兩百多年後，中華文化的餘力用盡，清廷以至今日文化科技尚無法振拔超世，實在是中國人的刼數。

　　朱子格物致知影響下，在經世的科技一面，明承宋元後，也屬於大成之期，在城工方面，今之長城卽明代的邊牆，歷四百年風雨而猶獲世人所贊歎，在河工方面，大運河汶水分流及河閘設施也成於成祖時名工程師白英之手，至今運河該處之濱有其廟宇，而治理黃河名家潘季馴（1521～1595）也發明了束水攻沙等法，這位河工理論與實務名家的巨著《河防一覽》刊刻於萬曆十八年（1590），爲河防經典。而江南紡織之勝，花式織法之多也前古所未有。在音律方面，朱載堉（1536～約1610）提出了「十二不平均律」，這律學上的哥白尼突破，而今天鋼琴等器樂之所以可能就是因爲此律，不過西方是差了半個多世紀自己發展出來就是了。在聲學上，宋應星（1587～？）運用氣類思想提出了音之形成、傳播、響度、頻率……等理論，並有曠絕當代的聲波、水波

類比論；在曆學上，徐光啟（1562～1633）運用西方天文學、地圓說、幾何學完成了《崇禎曆書》；在光學方面，方以智的色散論也早過牛頓（Isaac Newton, 1643～1727），而光與聲的特出科技更彰顯了「光影聲響」的感應科技，而方以智的科學與科學哲學和方法論正是我要詳論的。氣類思想還影響了醫藥思想和李時珍（1518～1593）《本草綱目》的分類法和評鑑法。數學上更因應平民化的經濟傾向，出現了珠算以及歌訣算法。而交通利便也促使徐霞客（1586～1641）、李時珍得以遍歷山川，成曠世名著。這等等的科技與社會平民化，經濟活絡化以及傳統重溝通感應的科學思想都是息息相關的，可以說明代承宋元的社會潛力而成了中國科技文化的興盛後期與整合西方科學的時期。

文化思想上儒學吸納佛老，在宗教上自也是三教合一的傾向，借佛寺講儒學，甚至儒生向佛，兼研老莊也是常見，民間宗教更是融孔聖老子菩薩於一爐，而狂禪過甚逼出的經世思想在平民化的傾向下，就是淨土宗的復興，明代三大高僧蓮池祩宏，憨山德清，蕅益智旭等都屬淨土護法，禪淨雙修爲知識分子所行，淨土漸悟有儀式常規爲平民所易奉，自也是自然而然了。

而西學，無論科技、曆法，製地圖乃至天主教思想也於是時進入中國，對當時士人是一大衝激，徐光啟、李之藻（1569～?）等賢甚至以入閣廷臣奉教，中西學的激盪整合遂也是當時知識分子的努力課題。

及至民變蜂起，外患紛急，夷夏之防，靖亂之舉又困擾了中國讀書人，迨滿清入關，懷柔高壓並施，並剿滅此起彼落的抗清運動，不少志士進入空門，而大儒們則在顧炎武「可以亡國，不可以亡天下」的方策下，做文化上和社會上消融的努力……。經

世思想昌盛遂成爲明淸之際的文化特色。

方以智便是成長在這樣一個文化昌明，政商乖張，平民社會發展，心性之學轉趨經世，而又中西溝通之中。然又內憂外患，國勢頻危，甚至異族入主，中原板蕩的局面。他的一生行事，風流倜儻，畫藝多能，志節凜然，而學問上通氣類，研考據，探語音，做科學方法整合的努力，乃至哲學上有《東西均》《藥地炮莊》之作，援莊入儒，援儒入莊，又出家主佛院，並晚節殉終，自也是時代環境與個人努力所使然了，甚至他個人與著作在滿淸三百年遭受輕視自也是異族入主，中華文化式微的表徵了。

二、方以智的家世

方以智之所以畫藝多能，琴棋技藝無所不能，而又風流倜儻，志節凜然，並且博涉經史，融貫中西，是有其家世家風，乃至家學淵源的。

方以智可以說是出身書香官宦世家，方以智先世德益公自元末遷來桐城樅陽定居，至五世祖方法（1368～1403）鄉試出方孝孺（1357～1402）門，授四川都司，斷事剛正廉直，成祖靖難之變，以不願署名入賀，殉節安徽望江，絕命詞有「不草歸降表，聊吟絕命詞，……，千載波濤裏，無慙正學師。」可見其志節。方法的這種精神對方氏子孫影響很大。方以智祖父方大鎮爲之請求入表忠祠後，其父方孔炤復有詩「斷事至今依俎豆，吾家書種託門牆」之句，方法不愧其師，而方氏一門忠孝傳家也可見矣！方以智晚年沉江殉節，亦家風馨香也。

方氏家學則自十一世，卽方以智曾祖父方學漸方開始建立，

方學漸（1540～1615），字達卿，號本庵，其父鬻土地四十畝以
資其學，拜桐城教諭張甌山爲師，毅然有爲聖賢之志，晚年構築
桐川會館，顏其堂曰崇實，亦可見其下學上達之實學傾向，彼與
鄒守益（東廓，1491～1562）、呂坤、馮從吾皆有往來。並與弟
子安述之、汪崇正、吳畏之赴無錫東林書院講會，頗獲顧憲成
（1550～1612）、高攀龍（1562～1626）之推許，學漸之理學主性
善、崇實與朱王調和。葉燦曾說：

> 先生潛心學問，揭性善以明宗，究良知而歸實，掊擊一切
> 空幻之說，使近世說無礙禪而肆無忌憚者無所開其口，信
> 可謂紫陽之肖子，新建之忠臣。❸

這種朱王調和的思想主張，遂奠定了方氏家學的基礎。學漸著有
《心學宗》，《邇訓》，《東遊記》，《性善釋》與《庸言》。

　　方以智祖父方大鎭（1562～1631），字君靜，別號魯嶽，萬
曆十七年（1589）進士，官至大理寺少卿，居官公廉，所至有聲。
天啟元年，應邀參與鄒元標（1555～1624）、馮從吾所創首善書
院，講學不輟，後首善書院被朝廷小人所毀，大鎭復卜筮得同人
於野，乃引疾歸里，自號野同翁，隱於白鹿山，建荷薪館於明善
祠旁，與門人講學，林下著書。有《寧澹語》，《荷薪韻義》，
《寧澹居傳》，《寧澹民奏議》諸書。

　　方以智父親方孔炤（1591～1655），字潛夫，號仁植，中萬
曆四十四年進士，天啟初爲職方員外郎，忤崔呈秀削籍，崇禎元
年起故官，丁憂歸，定桐城民變還朝。崇禎十一年（1638），以

---

❸　見葉燦：〈方明善先生行狀〉。

右僉都御史巡撫湖廣擊賊，八戰八捷，極力主剿，與時相不合，遂因香油坪之敗被逮下獄，方以智血書跪闕，崇禎感其孝心，孔炤遂得釋，其於獄中，猶與黃道周（1585～1646）論易不輟，明亡後歸隱白鹿山莊，有《周易時論合編》傳世，該書為方以智及其子中德、中通、中履助編而成。另有《藥堯小言》之作。

方孔炤於明亡後，曾慨然曰：

> 天下之無人也，不講實學，不達時變，詭隨籍高談以恣其冤賢縱盜之口，故教日以衰。平居不慎獨，不究深志幾務之故，出則逐利，高者徇名。羣居訕媒以爭席雄長，不然則公然苟且以為率性。病在願力不真，必不能無嬌妁鄙吝之我，而各附其黨，比為題目，不恕難喻，安得包荒馮河，使天下享其備萬休休之福乎？學術榛蕪，世道交喪，悼亡在此，傷化在此，吾為此懼，以報天下，以對祖宗。❹

足可見其對當時士風黨禍之痛，與對子孫天下之期望，化夷為夏，薪火相期之情溢於言表。

方以智家世以忠孝與學問相傳，方門女性亦多節烈文采。方法妻女均守節以終。大鎮長女方孟式，字如耀，博學工書畫，適山東布政使張秉文，崇禎十一年清兵陷濟南，秉文戰死，孟式沉於大明湖，章學誠（1738～1801）言其有丈夫氣，並以之針貶清代之所謂「大家閨閫」。孟式著有《紉蘭集》八卷，並常書勉方以智應讀書講求實學，有言：

---

❹ 見鄭三俊：〈方貞述先生墓誌銘〉。

　　汝父向為名職方，頃年靖變退賊，……吾任讀書，應講求
　　實學，何徒苦吟痛飲耶。天分無限，正當塵務經心。❺

勉以智應經世致用，孟式才德兼備，是乃家風。

　　方以智仲姑方維儀（1585～1668），字仲賢，年十八守寡，
歸家守清芬閣，博學高才，有《清芬閣集》八卷，常自恨不爲男
子，得樹事業於世，方以智曾爲作〈清芬閣集祓〉，朱彝尊（1629
～1709）亦推評其詩一洗鉛華，歸於質直，以文史當織紝。而方
以智十二歲喪母（吳令儀，字棣倩，有《黻佩居遺稿》）後，即
由方維儀扶養長大，關係實同母子。維儀精禪理，又擅畫白描大
士，對方以智日後思想行事甚具影響。而方維則，字秀準，十六
而寡，亦孀居守志，有《茂松閣集》。方門三節頗爲時人稱許，
方孔炤曾於崇禎十七年上〈請旌表方門三節疏〉，而方氏更累世
以此爲訓，方以智妹子耀夫孫臨監楊文聰軍，戰歿於閩，亦守節
撫孤，有《寒香閣訓二子說》，另方以智妻潘翟與方以智一生憂
患與共，成全夫志，教育三子中德、中通、中履均成一時大賢，
諸媳亦才德兼備，如中通妻陳舜英，除有《文閣詩選》一卷外，
當以智粵難殉節，中通亦被逮時，有詩：「世外猶遭難，人間敢
惜生，便捐男子血，成就老親名；君指天爲誓，余懷双是盟，一
家知英傑，不用哭啼聲。」❻，眞是巾幗豪傑。而方中履在清初
拒博學宏詞與隱逸之舉，其志節半助成於妻張瑩，方中履在〈亡
妻張氏行略〉中有「余自隱遯以來，遇世情涼薄，有時難堪，尙

---

❺　見方以智：〈膝寓信筆〉。
❻　見鄧之誠：《清詩紀事初編》，卷一，頁一三二；陳舜英：〈粵難
　　作夫子被鯷〉。

不能不感憤，君則慰我勉我，其識、其論，類非世俗女子所及。
嗟乎！富貴不動其口，窮約不易其守，學士大夫猶難之，況於
閨閣？余得以飲水著書，送老邱壑，抱咫尺之節，它日見先人
地下，無愧遺訓，非君其孰能成之。」❼，方氏女性先後節操輝
映，亦無怪乎方以智廿一世孫方昌翰之裒編《方氏列女行誼》，
亦良有以也。

　　方氏家學至方以智而集大成，其實方以智不僅集方氏家學的
大成，也集明代各家及中西學之大成，甚至博近諸藝，不過他早
年博學，晚年則重在會通，其博學並影響及其三子，故馬其昶
（1855～1927）有言：

> 方氏自先生曾祖明善（學漸）為任儒，其後廷尉（大鎮）、
> 中丞（孔炤）篤守前矩，至先生乃一變而為宏通賅博，其
> 三子中德、中通、中履並傳父業，於是方氏復以淹雅之學
> 世其家矣！❽

　　方以智三子中，中德著有《古事比》，中通著有《數度衍》，
為科技名家，與以智門人游藝、揭暄皆入阮元（1764～1849）所
撰之《疇人傳》，中通並另著有《陪集》。方中履則有《古今釋
疑》，《汗青閣文集》，足見淹博之家風。

　　至方中履子方正瑗著作亦有《方齋小言》《關西講堂客問》
《方齋補莊》三種，正瑗子方張登則有《褚堂文集》一種，此皆
為廿一世孫方昌翰之《桐城方氏七代遺書》中所列舉者。

　　方以智生長在這樣以書香節志的家門中，加上其天資聰慧，

❼　方中履：《汗青閣文集》，卷下，頁三四下，〈亡妻張氏行略〉。
❽　馬其昶：《桐城耆舊傳》，卷六，頁五下，〈方以智傳〉。

其對中西學問之整合，早年風流倜儻，孝節救父，中年江湖浪跡，不改其志，晚年講學著述，殉節以終，實亦家風時勢成就其個人也。

三、方以智的早年風華

方以智既出身書香官宦世家，個人又才華早發，性情篤具，在晚明結社風盛之中，在黨爭寇患頻仍之下，早年自然是有一番的風發與血淚。

方以智於明神宗萬曆三十九年（1611）十月生於安徽桐城的樅陽鎮。祖父方大鎮篤於《易》，喜《易傳》「著圓而神，卦方以智，藏密同患，變易不易」之義理，亦期方以智一生能「方以智」於人間，故取其名曰「方以智」，並字密之，復拆「密」而號「宓山氏」。是年十月，曾祖父方學漸自東林書院講學歸，故乳名「東林」。

方以智二十歲以前大多在桐城，七歲入塾，方大鎮為其擇師，並有＜示塾師＞一文，言尊德性與道問學兩者必須兼重，啟蒙教育則先以朱子《小學》一書為藍本，以「開其性而慎其習」。早年受業師有王宣與白瑜，王宣是方學漸門人，精河洛象數，後方以智曾梓其所著《物理所》一書。白瑜反對明末王學虛病，而重視經學，兩人對方以智思想影響都很大，故方以智日後乃有《物理小識》與《通雅》之作。

方以智桐城讀書，但也常隨父至任所，九歲隨父至福建福寧州，在長溪聽熊明遇講論西學、物理，受很大啟發，父方孔炤也常以經史課之。方以智後曾自述曰：

……少倜儻有大志。年九歲能賦詩屬文，十二誦六經，長益博學，徧覽史傳，負笈從師，下帷山中，通陰陽象數，天官望氣之學，窮律呂之源，講兵法之要，意欲為古之學者，遇時以沛天下，而未之逮焉。性疏達，善得大意，而強記為難，久之略忘，竊自恨甚，恨材知不及古人，而後身弱多病也。又善臨池，取二王之法，好圍棋，舞劍。少知彈琴，吳歌，雜技之末，有所見輒欲為之。居一室，周章不倦，或歌或號，自得晏如，豈有所汲汲戚戚乎？❾

足見其博學曠達之源。

以智少時與友朋交遊，狂放曠達，自言：

余往與農父、克咸處澤園，好悲歌，蓋數年所，無不得歌至夜半也。農父長余，克咸少余，皆同少年，所志同，言之又同。往往酒酣，夜入深山，或歌市中，旁若無人。人人以我等狂生，我等亦相謂天下狂生也。余有叔爾止，舅氏子遠，雖非同犟，而年相若，且引繩排根，不知何故風若。惟老父嘗戒之。然感於中，形於聲，不能禁也。❿

文中農父為周岐，號需菴；克咸為孫臨，號武公，後為以智之妹婿；爾止，為方文，號嵞山；子遠為吳道凝，為以智外祖父吳應賓之獨子，都是以智在鄉時期之好友。

在＜象環寱記＞一文中（成於永曆七年），以智曾自述其早年為儒，亦近佛道之處，文中假藉老人（吳應賓）之口說：「汝卯時，汝祖督汝小學，汝曰：『曠達行吾曲謹』。吾呼汝彌陀，

---

❾　方以智：《浮山文集前編》，卷七，頁一九上，〈七解〉。
❿　方以智：《浮山文集前編》，卷二，頁二七上，〈孫武公集序〉。

汝曰：『逍遙是吾樂國』，全以莊子爲護身符，吾無如汝何。」
❶可見其學術淵源與狂放之由。

以智慕司馬遷年二十出遊天下，故於崇禎三年（是年二十）
出遊江淮吳越，曾自言：「弱冠慕子長出遊，遊見天下人，如是
而已。邃益狂放，自行至性，而不踰大閑。以爲從此以往，以五
年畢詞賦之壇坫；以十年建事功於朝；再以十五年窮經論史、考
究古今；年五十，則專心學易，少所受王虛舟先生（卽王宣）河
洛象數，當推明之，以終天年，人生足矣。」❷惟世事多變，以
智一生並未能如是。

倦遊回桐城，原擬入山讀書著書，但崇禎七年（1634）桐城
民變，其父孔炤適丁憂在家，乃佐縣官平亂，變平，保全了巨
室，卻得罪了百姓，譏詬日至，以智乃流寓金陵，名其居爲「膝
寓」，與孫克咸、周農父、吳子遠親友時相往來，而感時傷國，
居膝寓五六年間，有隨筆《膝寓信筆》，詩《流寓草》數百篇。
對因民變流寓金陵之事，曾自述曰：

> 家世好善，而善不可爲；家世好學，而不學者嫉之。雖客
> 居屑屑，譏詬日至。有所著作，或傷時事，則焚其草，敢
> 令今之人一寓目乎？時不遇矣！求爲上容，卽突梯滑稽，
> 庸詎與人合與？家貧不能好客，有客至，浮史三豆，好我
> 者不罪其纖也。未嘗敢談先王、尚古學，況以此傳人耶？
> 意有所至，則發嘯歌；嘯歌而悲，人莫之知也。❸

---

❶　方以智：《東西均・象環寤記》。

❷　方以智：《浮山文集前編》，卷八，頁一一上，〈又寄爾公書〉。

❸　同❾。

明末的金陵是社事頻繁，人才薈集之地，方以智參予了社事，也結交了不少好友，崇禎六年曾與楊文聰等舉國門廣業社第二次大會；崇禎九年參與桃葉渡大會。在社事中，崇禎十二年與明末四公子之一的冒襄（1610～1693）識於金陵，爲襄言董小宛名，妹夫孫克咸大會諸伎於方以智秦淮水閣，而黃宗羲（1610～1695）病瘧，方以智也爲診尺脈。

而與阮大鋮（1587～1646）的結仇也在社事之中，阮大鋮爲天啓朝閹黨，崇禎五年於桐城組中江社，結交六皖名士，以智友錢秉鐙（1612～1693）首入其社。是年方以智遊吳回桐，爲疏閹黨，辨氣類而勸錢秉鐙脫離中江社，中江社因之瓦解，大鋮乃深恨之。崇禎十一年復社人物顧杲、黃宗羲出「留都防亂公揭」以逐阮大鋮，是時方以智隨父在楚撫任所，並未署名，阮大鋮卻誣以爲幕後主謀，迨崇禎十七年，李自成破北京，以智慟脫至南京，時阮大鋮假弘光帝之名大捕復社黨人，方以智乃被迫流離嶺南，變姓名賣藥爲生。

以智流寓金陵五六年間，雖參予社事，道問學之事亦絕不懈怠，舉凡經解、性理、物理、文章、經濟、小學、方技、律曆、醫藥、史事、詩文，無不戮力，而《通雅》與《物理小識》，也大部分成於此時，並於崇禎十二年中舉。

崇禎十三年赴北京中進士，直至崇禎十七年李自成陷北京，這五年間方以智都在北京，顏所居爲「曼寓」，自號曼公，所撰文曰《曼寓草》。

此期間以智跪闕救父之事，孝動朝野。方孔炤於崇禎十一年受命爲湖廣巡撫，討張獻忠，主剿；時相楊嗣昌、總理熊文燦則主撫，孔炤言獻忠雖降必叛，後果料中，楊、熊銜恨之，撫楚時

八戰八捷，惟後因部將深入，友軍不至，遂敗於香油坪，惟朝廷
不問川沅友軍不至之事，獨逮守襄陽之楚撫孔炤，下獄論死。方
以智乃於三月以中式舉人上＜請代父罪疏＞，痛言其事，並願以
身代父，但聖旨卻以「殿試在卽，方以智不得以私情陳情」，不
得如請。

　　上疏既不獲請，以智更是食不肉，衣不帛，終日嗚咽啼泣，
出入牢禁省親不倦，並求百官代爲上達，如是者一年八閱月。後
崇禎感以智跪闕上血書之孝心，說忠臣必出於孝子之門，乃以崇
禎十四年秋釋免孔炤，十五年准復冠帶，十六年應詔入都，上
《篛堯小言》十二策，十七年正月受命以都察院右僉都御史降一
級戴罪總理河北山東屯務，二月兼理軍務，督同廣大二道就近禦
防，方以智於正月廿四日上＜請纓疏＞，以期「父子枕戈，君親
並報」，二月三日，蒙詔對於德政殿，以智提出「督撫之權當
重，衞軍興屯，招商海運，用人練才」四策，崇禎稱善，令其補
本，「但終以銳氣指陳，聖明賞之，而爲時相所沮」。❶

　　三月十九日，李自成破北京，崇禎帝縊死煤山，以智哭東華
門，爲賊所執，備受拷刑，至四月十二日才乘間南奔……。以智
在北京，可謂以悲劇始，以悲劇終，但救父請纓之際，仍掩寓讀
書，《通雅》與《物理小識》二書就是在這期間定稿的。

四、方以智的中、晚年志節

　　崇禎十七年四月十二日夜，以智得間隃垝垣，給出崇文門，

---

❶　方以智：《浮山文集前編》，卷七，頁一上，〈寄李舒章書〉。

　　五月十日至南京，馬士英、阮大鋮構陷不已，使報國之願不達，遂漂百粵，變姓名爲吳秀才，以賣卜賣藥爲生，南海參議姚奇允與以智同舉進士，一日擁驄從出，與以智遇，以智趨避書肆中，奇允愕眙，下肩輿，相持泣下，並勸以智起襄時難，乃留客奇允署中，瞿式耜（1590～1650）聞而營館之。

　　桂王於丙戌（1646）十月卽位肇慶，以明年爲永曆元年，以智以擁戴功，擢左中允，充經筵講官，旋卽與司禮太監王坤不合，掛冠而去，不入班行。永曆二年（1648）冬，隱居平樂平西山，由是至永曆四年十月清兵陷平樂爲止，永曆帝連下十詔，以智見朝中復黨爭不已，乃無仕宦之情，連上十疏辭之，但卻條陳＜芻蕘妄言＞，以獻救國之策。並感慨曰：「讀書之士，生當亂世，可謂至苦，然當亂世而舍讀書，則尤苦矣。」❶⑤

　　永曆五年二月，以智送錢秉鐙於昭江，返未及平樂，而平樂已陷，家人被執，告清兵以智與秉鐙同往嚴伯玉家，清騎追至，而以智亦適奔伯玉家，騎縛伯玉拷掠備至，以智乃薙髮僧裝出，以免伯玉，遂至平樂見清將馬蛟麟，諭以降，不屈，脅之以刃，誘之以袍帽，皆不答，蛟麟乃延之上坐，禮之甚恭，因請出家，故隨之至梧，以智遂逃禪梧州年餘，由其＜和陶詩＞之第三首：「多生此世間，安問情何情？古書書何字？名山山何名？死死者不死，以死知其生。儻然遇虎狼，徒步能無驚。安坐受邊幅，問道何年成？」，第四首：「子安問黃鵠，萬里將安飛？四面紛茫茫，中路能無悲（是年以智年四十），三萍飄大海，風波還相

❶⑤　方以智：《浮山文集前編》，卷九，頁一八上，＜與留守胡公借書＞。

依，安得如海潮，朝夕自言歸。一經亂離中，盛年忽以衰。有心不敢推，有口常猗違。」可見其逃禪之初的苦情。

　　而由第十二首：「生有幸不幸，士誠難此時。衣冠飾劍珮，人人能言辭；一當刀鋸前，風流誰在玆？黃金思眾口，白璧翻自疑。妻子不相信，何怪朋友欺。古人故獨往，不知其所之。」，第十五首：「我聞鄱陽岸，尚有淵明宅；潯陽彭澤客，所至傳遺迹。亂後村烟少，千家不滿百；匡廬三疊泉，至今飛空白。余時寫一紙，自病自愛惜。」，第十六首：「嘗翻博物志，流覽神異經；飛身不可信，黃冶知無成。蓍燈對古人，開卷嘗三更；風雨不出戶，披衣周中庭，閉目若有見，兩耳時一鳴。蠹魚成神仙，此是天地情。」亦足可見其憂讒畏譏，苦讀羣籍，冀質測有成，並縱情山水，一消積鬱之情，故十八首復有「忽忽四十餘，努力向所得？讀書好山水，此中故不惑。」之言。而以智後半生，力志文化救國，復山水寄情之守節生涯，亦可見端倪矣！困苦之際，自然思親，故十九首有言：「獨以老親故，淒然會鄉里。」⓰

　　永曆六年，施閏章（1618～1683）奉請使廣西，三月抵桂林，與方以智訂交雲蓋寺，七月乘施閏章北返之便，以智與之越梅嶺北上，往遊廬山，並訪熊開元於匡廬，且在五老峯上撰《東西均記》，可見其文化救國之動機，其＜自題三萍＞詩所言之「珠遺南海空含淚，燭照東方可是星」，亦有所始矣！！

　　永曆七年冬，回桐省親於白鹿山莊，因皖開府李芃贈以袍帽，遂表示逃禪之決心，並在李芃建議下，至天界禮覺浪道盛為師，並閉關高座寺竹關，受大法戒，入關後，撰＜象環寤記＞，

⓰　〈和陶詩二十首〉見《浮山後集・無生寱》。

言及平生學行，思想淵源，表明三教合一的主張，覺浪爲作＜莊子提正＞，以智晚年鉅構之《藥地炮莊》，亦始思於此時矣，可謂「大藥王」已見初胎。

永曆八年夏，禪宗五燈嚴統之爭起，黨爭之事延涉方外，以智認爲係門戶派系之爭，欲聽其自息。冬，方孔炤撰＜周易時論合編凡例＞，明年秋卒，以智破關出治父喪，廬墓於合明山之變廬，故稱「變廬大師」，廬墓期間，並令三子德、通、履續成孔炤《周易時論合編》未竟之業。至永曆十年始完成。

永曆十二年，三年廬墓期滿，乃至寧都訪魏禧（1624～1681）兄弟，易堂諸子，隨後至新城縣臯山，此後六、七年間，雖屢易其所，大抵不出新城縣境。此期間，以智生活均甚苦，故錢秉鐙＜寄藥地無可師＞有言：「縕袍豈能溫，粗礪寧可餐」❶，而同門笑峰大然禪師亦於永曆十一年秋奉覺浪命入主青原山淨居寺。

永曆十三年，以智在江西壽昌，而九月七日，覺浪道盛禪師卒於金陵，永曆十四年以智在新城縣臯山寺建臯山塔院，笑峰大然禪師卒於金陵，正厝青原，以智乃由臯山至青原爲笑峰大然禪師視塔基。康熙三年冬，以智應吉州諸護法之請，入主廬陵縣青原山淨居寺，笑峰二子倪震，來迎骨靈歸，以智乃爲建衣鉢塔於青原。此後以智卽在青原主持道場。與施閏章諸友遊青原、武功、武夷諸勝，並刊行《通雅》《物理小識》《青原志略》《藥地炮莊》諸書。康熙九年，以智年六十，四方好友爲文稱壽，十一月初一辭淨居寺主持職，退居泰和首山陶庵之大悲閣，但青原諸法侄仍爲築烹雪堂。

---

❶　陳田：《明詩紀事》，辛籤，卷十，〈錢澄之〉。

青原山原名安隱山，山有安隱寺，唐開元間禪宗七祖行思禪師弘揚佛法於此，並植黃荊，千年不槁。至宋，改名淨居寺，後佛法漸衰，明萬曆年間王學江右學者鄒東廓、羅念庵（1504～1564）、蔣雙江、歐陽南野借淨居寺春秋講學，一時蔚爲儒學勝地，萬曆四十三年鄒元標把儒學會館移至山前，淨居寺乃復禪緣，笑峰大然、以智無可相繼主持，青原宗風於是大盛，但此儒、佛之荊杏之緣，恐怕亦係以智援儒入佛，出佛入道，並通關三教之所由，亦《藥地炮莊》之所以作也。

以智在青原，弘揚儒佛，並交遊賢士，宗風之盛早啓清廷之嫉，而以智剃度出家本係避清，又豈容於清廷，此情好友亦深有所知，故康熙六年魏禧之＜與木大師書＞勸以智應「掛鞋曳杖，滅影深山，以息讒言，遠謀害」❶⑧，以智年過六十後，自辭淨居寺主持之職亦有所自知，但康熙帝見吳三桂之變將萌，欲藉害方以智，殺鷄儆猴以斷遺民爲僧者之志節，乃密令州縣捉拿方氏一家，以智慨然赴道，過惶恐灘念及文信國公（天祥）之志節，何必見執虜廷，乃自沉完節以終。而其著作與志節終滿清一世不彰，此或以智未達「藏密同患」的人生境界也。

縱觀以智之一生，早年倜儻風流，蘊藉名士，血書救父，結社崇義，忠節南奔，值鼎革之際，嘗亂離之苦，乃一大傷心人，然猶苦心孤詣，欲「坐集千古之智，折中其間」⑲「借遠西爲郯子，申禹周之矩積」⑳，以期烹炮燒煮之後，足救時偏，以文化挽國運，救民族，以成「大醫王」之業，此乃救天下，而非只救

⑱ 魏禧：《魏叔子文集》，卷五，頁五四上，〈與木大師書〉。
⑲ 方以智：《通雅》，卷首一〈音義雜論·考古通說〉。
⑳ 方以智：《物理小識·總論》。

一姓之事，然命途多乖，晚年仍不得不自沉完節，思想學術亦遭埋沒，至民初而始復甦，但其人格與思想豈僅爲當時人所景仰，而四百年後之後生如我者，睹其書而思其人，今日亦適逢東西文化皆凋敝求變之時，而國運亦飄搖不已，該如何奮起以不愧先賢，是衷心之所寄所願也。而江子長稱以智爲四眞子——「眞孝子、眞忠臣、眞才子、眞佛祖」❹，亦恰如其份也，清初大儒除顧亭林、黃宗羲、王船山之外，實應再加入方以智以成四大儒，何況其科學思想之合古今中外，方法論辯之「東西均」乎!!

---

❹　轉引自張永堂著《方以智》頁二，《中國歷代思想家》第三七册。

第二章　方以智的科學哲學與科學努力

一、方以智科學哲學之淵源

在中國近代哲學家中，方以智最特出的就是他的科學哲學和科學方法論，以及他的實際研究成就。當然他的這一切有其時代、社會、家世、交遊的文化淵源，茲一一分述之:

首先談他的時代淵源。相應於宋明理學的，在中國歷史上宋代是中國傳統型科技的興盛前期，明代是興盛後期;宋代理學吸納佛道後，氣類思想在儒學中大行其道，在科學上相應的便是內丹的強身術，以及外丹黃白的科學火藥、火器，這是一個技術興盛，如印刷、羅盤、火器，乃至數學上解高次多元方程式的天元術，四元術發展時期，我猜測四元術的發展固與籌算的便捷有關，與氣類的分殊思想亦不無瓜葛，因分為四元也。而氣類思想是就物類的特性以分殊別類，可以說是一個「以物格物」的科學時期。

本來就≪大學≫八條目之始的「格物致知」而言，「格」物是探討「各」場界中的秩序，但探討到的秩序必須能立，故「格」從木。(方以智亦曾號木立，稱木大師)，但秩序知道了，成立了，

獲「致」，還必須以文字表達出來，故「致」從文從至。足見遠古先賢，自荀子，《大學》作者，以及董仲舒以下，已開氣類思想之緒，也難怪宋代會大爲輝發了。

是故宋代理學集大成的朱熹（1130～1200）標榜「卽物窮理」，力撰〈大學格物補傳〉，而其學亦號朱學，頗重「道問學」之途。但至明代後，朱學已見支離之漫，加之標爲官學，訴諸八股，學者頗病之，在科技上，物類之分也不是表面觀察卽可，這種情形到了王陽明，提出「卽心卽理」的呼籲，這反映在科學哲學上的便是從「以物格物」的時期到了「以心格物」的時期，或說自孟子的感官「小體」時期，到了心智「大體」的時期。陽明的格竹成病大悟便是一大契機，他悟到徒以感官格物，成天面竹不足以格物，必須心智上想出方法來，格物方可有成。

這在明代科技上直接反映的鉅構便是李時珍《本草綱目》的分類原則與鑑別原則，如其植物鑑別法以產地、苗、花、蕚、實、根、氣味作根據，可見其對性狀的重視，而其「析族、區類、振綱、分目」的分類法，甚至較西方林奈早近二百年，且其分類法大抵是依照物種間的親緣關係進行分類的自然分類法，亦有依據需要的人爲分類法，這是因爲「本草」是應「藥用的需要」。這一切的一切，如沒有心之大體的方法提綱，是不可能臻致的。

方法論的提攜下，李時珍並非一特例，他如朱載堉的律學，宋應星的聲學，徐霞客的地形觀察與分析，方以智的光學等皆如雨後春筍，當然基本的氣類理論到了方以智、宋應星時也更趨圓熟。事實上方以智的氣類理論也相當表現了他的科學哲學。

明代科技之傾向分析化、概念化，以及通俗化（如珠算之興），固與科技本身的發展有關，而其思想淵源並不十分單純，

其實明代的思想環境本就如是。一方面朱學奉爲官學，所以卽物窮理之流緒仍存，但八股之下，加上政治不靖，陽明心學適爲尊德性的士人所喜，所逃避，但這一逃避與喜愛，大多走向「尊德性」的一方面，所以固然明代氣節之士獨多，無論內求愼獨的劉宗周，外馳的狂禪派等，都是在返求自我，史可法（1601～1645）之殉難揚州是一大表徵，陽明格竹大悟之意義變成「卽物窮理」不當之佐證，但他們的「心卽理」只在「尊德性」，而未由心去求理，這就是王學末流之浮泛，難怪經世之學不興，而黨爭亡國了。

在朱陸異同，心學板蕩之際，有不少有識之士也看出了經世思想的重要，倡朱王調和而明代科技的後期發展一方面繼「以心格物」之緒，一方面也就思想基礎上全盤反省。宋應星、顧亭林均是，而方氏學派更是個中翹楚。

自以智曾祖方學漸起，論學卽主張崇實與朱王調和，故葉燦曾謂其爲「紫陽之肖子，新建之忠臣」；祖父方大鎭築荷薪館，錫名以智取《易經》「卦方以智」之意❶，亦冀人間智以方，傳家學不輟；父親方孔炤除戮力軍務外，明亡之後更深歎士人「不講實學，不達時變，詭隨高談」。在這樣的家風下，以智對物理與自然秩序的探求自然自小使然，故曾自述：

> 藥知其故，乃能用之，反因約類，盡變不難。先曾祖本菴公，知醫具三才之故，廷尉公，中丞公皆留心證驗。不肖以智有窮理極物之癖，間嘗約之。❷

---

❶ 方以智，《物理小識・總論》，方中通注。

❷ 《物理小識》卷五，〈何往非藥〉條。

　　以智自小的交遊也使其致力物理與自然秩序之探討，並思索自然秩序之何以爲秩序。以智少時受業師王宣（著有《物理所》），白瑜均認爲明末王學虛病，九歲後隨父在福建長溪聽熊明遇（著有《格致草》）講論西學、物理，故其卽物窮理之習早有，「每有所聞，分條別記。……（諸書）所言或無徵，或試之不驗，此貴質測，徵其確然者耳，然不記之，則久不可識，必待其徵實而後彙之，則……」❸，可見其證驗與傳薪之作法與精神。也難怪其二、三十歲前後仕宦北京時，其《物理小識》一書之大要已成矣！

　　但以智並非只做徵實的工作，其「質測」有質測的方法，其「通幾」更有一番哲學上的見識，而「質測」與「通幾」更是一套的科學方法論，這就將在下幾節中敍述了。

二、方以智科技哲學之梗概

　　方以智之重視物理與科技，起於他的「重智論」，由務實而重智，且實既在經典中，也在自然中。他對讀書之重視具見下語：

> 人生此世，貴不虛生，士不讀書，而免虛生乎？寓而不居，卽有而無；用光得新莫若書。伐毛洗髓，莫若書。士一日不讀書，猶一日不食也。書獨簡册也乎哉？上古以來乃讀混沌天地之書者也。❹

❸　方中通，〈物理小識編錄緣起〉。
❹　《藥地炮莊・總論下》，〈惠子與莊子書〉。

> 上古無書，卽以天地身物為現成律曆之秘本，而神明在其
> 中。❺

這對明末一味講禪儒生之束書不觀，而高言「堯舜以前何書可讀
者」，不啻當頭棒喝，蓋自然亦一本大書也，該自其中找出秩序。
　　當然自然秩序先賢已探究甚多，這是以智旣從經典，又驗之
自然，並做新秩序探求之本，這方面他有如下幾段話：

> 上古聖人備物致用，煉金揉土，取火耕土，建宮室，造衣
> 服，分干支，明歲月，立書契，紀制度，使物各得其宜，
> 而至化行焉。後世聖人知民生之嗜欲日繁，乃明六經、重
> 道德以為教。❻
> 自黃帝明運氣，唐虞在璣衡，孔子學易以机閎衍天地之
> 五，曆數律度，是所首重。❼
> 聖人不惡賾動，藏智于物。❽

　　旣然如是，所以方以智認為該通先聖之心與法則，通物之
則，而此卽天之則：

> ……千萬世食其利而不能奉其教，奉其教而不能明其心，
> 追惟上古不知何所學問，而能物物如此。❾

---

❺　《東西均・道藝篇》。
❻　《物理小識・總論》。
❼　同上。
❽　《物理小識》卷二，占候類，〈藏智于物〉條。
❾　同❻。

> 捨物則理亦無所得矣，又何格哉！ ❿
>
> 格物之則，即天之則，即心之則。豈患執有則膠，執無則
> 荒哉！若空窮其心，則倏忽如幻。 ⓫

這明顯表示方以智之探討自然秩序是既「就物格物」的「質
測」，又有「以心格物」之則，也就是格物前有其則，格得後有
其通，而「通幾微之處」後，貫通上下，得出通則即是天理，所
以才說「格物之則，即天之則，即心之則」了。

當時的自然秩序之學，方以智總稱之爲「物理」，也稱之爲
「格致」，蓋物理必須格而始致也。西方物理學前身稱爲「自然
哲學」，這一點與吾國先賢和方以智的看法一樣。不過西方物理
學的突破是伽利略（Galileo, 1564～1642）等人自耶經（Bible）
桎梏中轉向大自然這本大書求秩序，方以智等人的成就是由空談
心性轉而既重經典，又重自然上，這也難怪方以智又是明代考據
學的巨擘了。

要探討自然秩序，在知識論上首先便是「人主觀的探求」
（心）與「外在客觀的秩序」（物）的問題，這內在外在秩序間
的關係，也就是傳統的心物關係，這方面方以智基本上認爲是相
反相因，心物貫通的，他有如下的話：

> 舍心無物，舍物無心。 ⓬
>
> 離心無物，離物無心。 ⓭

---

❿　同上。

⓫　方以智，《青原愚者智禪師語錄》，卷三，頁一三上。

⓬　同❻。

⓭　《藥地炮莊》卷四，頁三一下。

心外無法，法外無心。⓮

無非物也，無非心也。⓯

火固烈於薪，欲絕物以存心，猶絕薪而舉火也，烏乎可。⓰

而既然「格物之則，即天之則，即心之則」，那人透過感官、心智的探求秩序能力首先必須肯定，但這個能力又不能脫離格物之秩序而存在，也就是既是貫通性的，又是感應性的。這個看法可見如下諸語：

人心無形，其力最大。⓱

心之所至，即理之所至。⓲

心幾自神，不可思議，唯聖人能知其故而不惑。⓳

受命如嚮，惟心所造。⓴

惟心所造，實無而成。㉑

心者君主之官，神明出焉。㉒

心自本靈。㉓

⓮ 同上，卷五，頁九上。

⓯ 《物理小識》卷一，〈象數理氣徵幾論〉條。

⓰ 《東西均・道藝篇》。

⓱ 《物理小識》卷十二，〈心神自靈說〉條。

⓲ 《物理小識・總論》，〈神鬼變化總論〉條。

⓳ 《藥地炮莊》卷六，頁一三上。

⓴ 《物理小識》卷十二，〈致夢法〉條。

㉑ 同上，〈氣之所結皆成堅石〉條。

㉒ 《物理小識》卷三，〈調火〉條。

㉓ 同上，卷十二，〈致勝法〉條。

不測不二，端幾唯心。㉔

惟心能通天地萬物，知其原，卽盡其性。㉕

火無體而因物見光以為體，猶心無體，而因事見理以徵
幾。㉖

　　換句話說，自然秩序是在人心面物受命如嚮上，由心實物而
成的秩序，原先是不具秩序的（無），也就是不經心之測，自然
不具秩序，透過了人類共通的心智獲得大家暫時共同同意的秩序
卽人所知的自然秩序，這就是「心自本靈」「不測不二，端幾唯
心。」，甚至「神明出焉」，也就是由「盡己之性→盡人之性→
盡物之性」㉗，或「盡心→知性→知天」㉘。而旣然這秩序是暫
時共同同意的，人的心智和感官能力又與時俱增，那自然「物有
其未窮，故其知有不盡也」㉙了。

　　而旣然方以智的科學哲學如是，那要做科學研究，就必須一
方面閱讀前人經典，對所述加以徵驗，一方面直接「質測」自
然，這兩者方以智都稱爲「質測」，然後又必須建構一個秩序網
絡，來總括這個秩序，這方面就是「通幾」。下面就談談他的
「質測」貫「通幾」的科學方法論，以及他自然秩序網絡的架
構。

────────────────────

㉔　《浮山文集前編》，卷五，頁六上，〈采石文昌三臺閣碑記〉。

㉕　《物理小識・總論》。

㉖　同上，卷一，〈光論〉條。

㉗　此爲《中庸》旨意之一。

㉘　此爲《孟子・盡心篇》主旨之一。

㉙　此爲朱熹〈大學格物補傳〉末句。

三、「質測」貫「通幾」的方法論與自然
　　秩序架構

　　方以智的自然秩序架構主要見諸其《物理小識》的卷次安排。其卷一爲天類（包括氣、光、聲、律、五行）與曆類；卷二爲風雷雨暘類、地類、占候類；卷三爲人身類；卷四爲醫藥類上（醫）；卷五爲醫藥類下（藥）；卷六爲飲食類、衣服類；卷七爲金石類；卷八爲器用類；卷九爲草木類上；卷十爲草木類下，鳥獸類上；卷十一爲鳥獸類下；卷十二爲鬼神方術類，異事類。

　　由卷次的先後安排可見以智的秩序架構是先天地而後及人身，醫藥，再及食衣住行，金石器用，復及草木鳥獸，最後方及鬼神異事。這個秩序與中國之敬天地有關，本來人居天覆地載之間，沒有自然就沒有人類，所以先天地而後人事，而人爲萬物之靈，故後及草木鳥獸，最後才言鬼神異事，則是事生不事死，卑鬼神而重人事的儒家思想使然了，何況還有由天返人，由人合天之意呢!

　　其實這一套自然秩序的架構並不是以智的獨創，而是傳承了中國歷來的類書傳統。自曹魏《皇覽》開類書之緒後，中國的類書無論是類事門、文賦門、博物門、……乃至蒙求門，其卷次安排大都是先天地而後人事，這自然是中國自《易經》上下經之分以來的傳統，卽使在啓蒙書《幼學瓊林》中也一開始就是「談天」：「混沌初開，乾坤始奠，氣之輕清上浮者爲天，氣之重濁下凝者爲地」，只有最基本的入學書《三字經》開篇是：「人之初，性本善」，強調以人爲中心依歸的人文精神，這是入學必須

的，因為人居天地之中，人是出發點，也是歸向點，無論談天說地，必以人文為依歸。

《物理小識》在每一卷內容的敍述方式上採取的是條舉式，這也是中國類書一貫運用的方式，事實上古代西方除了幾何學外，也少公理、定理舖陳式，並且現在也發現，無論是教學與瞭解，由公理、定理一貫推衍的方式並不合教學與瞭解原則，就近取譬，多所徵引效果反而更好，所以現今大都是推衍兼取譬式，也就是在清晰理路之中，取喻徵譬，甚至配合圖表，以求了悟。因此這一來我們也不必過以公理推衍之不足為條舉式之病，因為多所徵引，烘托之下，「條舉」至少還是可以「目張」的。

下面談談質測貫通幾的方法論。方以智自己在《物理小識‧自序》中對「質測」下的定義是：「物有其故，實考究之，大而元會，小而草木蠹蠕，類其性情，徵其好惡，推其常變，是曰質測。」，換句話說，「質測」是徵驗性狀以別同異而歸類之，並觀察，推論其時空中的變化。這是荀子「正名」對自然秩序的別同異傳統之道，也可以說是西方近代的觀察實驗，觀察實驗是先有對象與目的，再按原理法則去分析，成敗再抽其通則。

至於「通幾」，方以智在〈自序〉中下的定義是：「推而至于不可知，轉以可知者攝之，以費知隱，重玄一實，是物物神神之深幾也，寂感之蘊，深究其所自來，是曰通幾。」卽「通幾」是以可知的事實（觀察實驗來的）與原理，建構理論以推導出尚不可知或解釋尚不能理解的現象，如是質測的「費」，經過理論才能知「隱」，所以卽使理論玄之又玄，反而是實，而人的這種創造性才是物物神神之深幾，蓋貫物以通神也；但理論不是憑空架構，必須靜心平氣，感應外物，方能知其蘊，究其所自來。這

一來自然是「質測卽藏通幾者也」了，所以方以智接著說：「有竟掃質測而冒舉通幾以顯其宥密之神者，其流遺物。」。因此必須質測貫通幾，才能「合外內，貫一多，而神明者」。這與現代西方以現有理論配合儀器，導出觀察實驗，一方面以舊理論解釋結果的現象，做為舊理論的徵驗，一方面建構新理論涵蓋舊理論能解釋和不能解釋的現象，這有時同時出現許多新理論，就以研究羣之好惡，意識觀念來決定接受與否，此起彼伏，免起鶻落，百花齊放的情形無大迥異。

　　不過這是現代科學哲學歷經近半個世紀才醒悟者，方以智在三百多年以前就能有近乎的精密思考，實在難得，甚至超過當時的西方學界，所以雖然當時傳入的西學並非全貌，而以智觀之，一方面感覺中西理路的差異，中國「聖人通神明，類萬物，藏之于易，呼吸圖策，端幾至精，曆律醫占，皆可引觸」[30]，與西方上帝出發的公理舖陳式不類，甚至卽以西方標準而言，當時西學在以智眼中也難免有「萬曆年間，遠西學入，詳于質測而拙於言通幾，然智士推之，彼之質測猶未備也。」[31]之感了。事實上當時西方牛頓未出，一切科學大抵皆為散篇，不太成系統，所以的確「拙于言通幾」，至於「質測之未備」，他曾以「光肥影瘦」之理批判利瑪竇（Matteo Ricci, 1552～1610）「日大於地百十六倍」之說[32]；對於五星遲留伏逆的問題，認為「卽泰西亦未推

[30]　《物理小識・自序》。
[31]　同上。
[32]　《物理小識》卷一，〈光肥影瘦之論可以破日大于地百十六倍之疑〉條。
[33]　同上〈五星遲留伏逆〉條。

明其故」❸，而對於西士介紹西說常有之矛盾之處，他的看法是
「皆因西學不一家，各以術取捷算，於理尚膜，詎可據乎？」❸

　　明代王學講求知行合一，要求「即知即行，即行即知」，那
麼方以智提出了「質測即藏通幾」之論，他自己有沒有身體力行
呢？這當然是力行的。《物理小識》一書中到處有「試之驗」❸，
「未試」❸，「累試累驗」❸，「未嘗驗之」❸，「今不驗」❸，
「今試之」❹之語，可見他實證的質測精神。至於他的實地新觀
察，且舉一例：「黃棟頭樹分葉如椿，大者合抱，春采其葉，味
苦而甘，一名回味，可治痢，而治霍亂尤效。皮可合香。《本草
綱目》，遺此未收。」❹

　　不過方以智「質測貫通幾」的最大成就還是在光學方面，除
了提出有關光影本質性的「光肥影瘦論」之外，對於前人有關凹
面鏡（陽燧）成像等問題加以討論以傳述前人，盡質測之責，而
于透明物分光生彩色的色散現象，皆歸之于日光的色散，這比南
北朝時斷定露珠之色非水之色，乃日光之色，在廣涵性上大多
了，而在定性科學的通論成就上，勝過當時西方，因爲牛頓稜鏡
分光和色散理論，還約在其後半個世紀。茲錄以智原文以昭證：

---

❸　同❸。

❸　《物理小識》卷七，〈錫〉條。

❸　同上，〈制汞法〉條。

❸　同上，卷八，〈墨法〉條。

❸　同上，卷十一，〈蠏〉條。

❸　同上，〈鳥獸通理〉條。

❹　同上，卷十二，〈巵面堆酒〉條。

❹　同上，卷五，〈醫藥類〉。

凡寶石面凸，則光成一條，有數稜則必有一面五色，如峨
嵋放光石六面也，　水晶壓紙三面也，　燒料三面水晶亦五
色，峽日射飛泉成五色，人于回獺前背日噴水亦成五色，
故知虹蜺之彩，星月之暈，五色之雲，皆同此理。❷

　　但方以智的「質測貫通幾」說也係根據方孔炤提出的「通幾」
與「質測」發揮而來，而「通幾」與「質測」事實上更來自《易
傳》的「通」與「質」，方孔炤說：

聖人因權變常度之難明，恐高者蕩之，拘者泥之，故前常
曰通，此特言質。吾故分一切語皆有質論，通論，隱論，
費論，時乘之變，適其度，即此時此物而宜之也。……執
一太極為執總惡別之疚矣，執一切皆太極亦荒冒而義不精
也。❸
聖人虞其虛荒，故以通論貫質論，而不執以壞質論；果大
通乎？隨物現形，義通於質。❹

方以智也常提到質論，通論（有時亦稱推論）：

有質論，有推論，偏重而廢一論乎？❺
有質論，有推論，推所以通質，然不能廢質，廢質則遁者

---

❷　同上，卷八，〈陽燧倒影〉條。
❸　方孔炤，《周易時論合編》，卷十二，頁一〇上。
❹　同上，卷十三，頁一八下。
❺　《東西均・所以篇》。

便之。㊻

談心名家，糞掃理氣，以競誰越；推論而掃人之質論，鬼論而掃人之推論，直是巧言桔橰（汲水槓桿），忌理之防其肆耳。㊼

換句話說，「求多理於外物」（質測）與「求一理於內心」（通幾）是必須「統類配應」，卽貫通成系統的。所以方以智對通幾與質測的關係也屢有言之：

或質測，或通幾，不相壞也。㊽

破相者逃玄，核質者據物。不可以質測廢通幾，豈可以通幾廢質測乎？㊾

以通幾護質測之窮。㊿

質測卽藏通幾。(51)

真易簡者，不離繁多而易簡者也。(52)

又「幾」的觀念固爲〈繫辭傳〉所用，但方氏學派大談「通幾」之論，或亦影響徐光啟之將“Geometry”譯爲「幾何」，此亦表明代對西學之開放，推重胸襟也。

㊻ 同上，〈象數篇〉。
㊼ 同㊺。
㊽ 《物理小識・總論》。
㊾ 《藥地炮莊》卷一，頁四六下。
㊿ 《青原愚者智禪師語錄》，卷三，頁一二下。
(51) 《物理小識・自序》。
(52) 《東西均・象數篇》。

四、方以智的氣類思想

要「別同異」，在哲學基礎上，必須要有「氣類思想」，方以智的氣類思想，大抵傳承自宋儒周敦頤（1017～1073）、張載（1020～1077）等人修正過後的陰陽五行論，但更圓熟就是了，不過與近年發現宋應星的佚作──《論氣》稍有不同。

方以智的氣類思想，大致是源自周、張的二氣五行論。《物理小識》卷一天類中分爲氣、光、聲、律、五行這五項，這五項都是人與人，人與自然的溝通感應媒介，所以這個天類所含蘊的既是本質論，又是方法論，用更恰當的話來講，是感應論；也正是由此感應論，才會產生他的心物貫通論和質測貫通幾論。

天類一開始是＜象數理氣徵幾論＞，開首便說「爲物不二之至理，隱不可見，質皆氣也，徵其端幾，不離象數，彼掃器言道，離費窮隱者，偏權也。這是理論（通幾）與質測一貫論。繼條爲＜天象原理＞，有言：「夫氣爲眞象，事爲眞數，合人於天，而眞理不燦然於吾前乎。」，要求以數明象，合人於天，這才是人間之眞理，因事度氣量也。繼談地氣，天氣以及望氣之論；地氣，天氣是氣質，但以智引孔炤言：「執氣質而測之，則但顯名各不相知，而名各互相應之通幾猶晦也。」，這就必須「聲氣風力，實傳心光，受命如嚮神不可測。」這一來「當前物則，天度同符，格之踐之，引觸酬酢，信其不二，享其不惑！此則所以爲物，所以爲心，所以爲天者，豈獨委之氣質而已乎！」，而談過了人、氣的交互作用即天象原理後，第三條＜氣論＞再繼續強調「氣之爲質，固可見也，充一切虛，貫一切實，更何疑焉。」，但

必須「聖人合虛實神形而表其氣中之理」，即「理以心知，知與理來，因物則而後交格以顯，豈能離氣之質耶，此伏羲所以合俯仰遠近而通類也。」。不過人之探求，「知而無知，然豈兩截耶，知而無知，故不爲一切所惑，乃享其神，是曰大定」，這是因爲瞭解了「物有其未窮，故知有不盡也」的道理後，不必爲已知，未知之孰多孰少而煩，只有認眞求知，滿足所成就者，再繼續努力，這自然是一種大定。到此氣類理論建構了通類的認知基礎。

繼之的＜光論＞一開始便說「兩間（天地）變狀，皆氣光之所爲」，這是因爲「氣凝爲形，發爲光聲」，而氣天不明，否則「天明則日月不明，蓋天凝其陽精爲日，而月與星用之，萬物皆用之」，所以人可「正用天之火種，而心正傳天之神光者也」，也難怪「《說文》光從火在人上」了。而旣然「氣凝爲形，發爲光聲，猶有未凝形之空氣與之摩盪噓吸，故形之用，止於其分，而光聲之用，常溢於其餘，氣無空際，互相轉應也。」，這一段不但表示了不獨光聲爲溝通媒介，並且何以中國定性的光學，聲學（包括理論與器械）早卓於世，而方以智又何以在光學上特別有成就了。甚至這一套理論，還合乎現在的物理學與宇宙論。而更重要的其「人交天理能力之何出」這人文認知精神的強調。

其後面的＜聲論＞繼續強調聲「皆陰陽之氣，相摩盪而不已者也，而人可知矣。」這是因爲「氣自有聲，空自生聲，惟耳攝而通之，惟心靜而知之」，又是人文認知精神了。

其先後各條，如＜氣暎差＞＜轉光＞＜反射,折射＞＜聲異＞＜隔聲＞＜同聲相應之徵＞是一些自然現象的描述與解釋，但由這些名稱便知自然秩序在別同異了。後來之律呂直至十二律各條是中國律學，強調是樂律以和天人，蓋陰陽調諧也。

　　再來的＜四行五行＞條首先說中國言五行，泰西言四行（水風火地）並沒有關係，因為地包土石金，所以「四為體，五為用」。繼之便說五行中「水為潤氣，火為燥氣，木為生氣，金為殺氣，以其為堅氣也，土為沖和之氣」，這是傳統的五行性論，但以氣言之爾。至於陰陽乃氣之態（state），一如五行之為氣之態，不過性定形不定的水火正是既虛又實的，「上律天時，凡運動皆火之為也，神之屬也；下襲水土，凡滋生皆水之為也，精之屬也」，所以「易曰一陰一陽之為道，非用二乎，謂之水火二行可也，謂是虛氣實形二者可也，虛固是氣，實形亦氣所凝成者，直是一行而兩行交濟耳。」，這又是周子在五行中之特出水火兩行了。「但以氣言，氣凝為形，蘊發為光，竅激為聲，皆氣也，而未凝未發未激之氣尚多，故推舉氣形光聲為四幾焉」，這又是重光聲了，「若欲令通正當，合二求一，而後知一在二中謂之，二卽是一，謂之不二不一，謂之三兩，謂之九六，謂之七八，謂之四五，謂之五六，無不可者，且請為易。」因為按照《易經》，除了太極這一因無極而不可知外，其他無論為數多少，或虛或實，皆是太極之顯，正如月印萬川，不過太極非月就是了。而這一來，四行五行，楞嚴七大，五臟六腑都不必執求其數目字了，因為這只是重點所在問題。

　　不過故特出水火二行，但五行仍尊火為君，這是因為固然水火「本一氣也，而自為陰陽，分為二氣而各具陰陽，有時分用而本不相離，有時互用而不碍偏顯，有時相制而適以相成，特人不著察耳。」，但必竟「天與火同，火傳不知其盡，故五行尊火為君」或「火內陰外陽而主動者也，以其名配五行，謂之君」，而這也就是「陽統陰陽，火運水火」之理。另外「太極動靜陰陽，

而生五行，各一其性，惟火有二：曰君火，人火也；相火，天火也」，以君，相言人、天，而主以火，這又是人文認知創造精神的凸顯了。

至於木，「其首在下，其華向上，結實而傳核，仁襌於無窮」，因是生氣，只不過「互有剛柔」，甚至有「蕉蔓苔栖寄生之類」就是了，但皆是生氣。另外金石，「其生成也積久，其化物也峻厲，以其堅氣，遂爲殺氣，用者可不慎歟。」

而土因「納重以養淸，主靜以載動，居中以御四維之氣，故能和物，能生物，又能殺物，故能化物也」，「百昌皆生於土而復於土」，甚至「水火貫乎土中而生金木」，所以土爲五行之主，乃至「具五色而以黃爲正色，具五味而以甘爲正味」，即土固有五色五味，但仍以黃、甘爲正，不過「〈禹貢〉辨九州之土色，〈周官〉辨十二壤之土性」仍然非常重要，因爲「萬物本氣以生，乘氣以遊，而安土以爲養，豈能離哉！」

如上所言，有了這樣的陰陽五行之論，氣類自可別同異，而在定性上無虞匱乏了，而這也正是陰陽五行論最成熟之狀態，也難怪明代爲我國傳統型科技最興盛的時期了。許多人今天之卑視之恐怕一是對數量化過分崇拜，二是今天對傳統已相當陌生，三是不明白中國的定性中還是有定量的，否則醫藥何以配方，潮汐何以解釋其週期變化之受日月影響！

前面提到與方以智同時的宋應星亦有氣論，他的《論氣》一書一開始便是五章的〈形氣化〉，大談形、氣生化的自然結構哲學或科學，以及物質變遷的定性描述。所謂「天地間非形即氣，非氣即形，雜於形與氣之間者，水火是也。」，換句話說，水、火就是「由氣而化形，形復返於氣」的媒介，並爲人日習知。這

是明代很流行的二氣五行論。

接着由形、氣觀點談天象、生物、人身，並由形之轉形談生物的飲食，排泄之渣滓，以及存亡之毛骨則各有其化，最後是消化而還虛，如果形氣一體而計，則大有「物質不滅」之意。

＜形氣＞第二章談水火之化的特性，說它們是「形而不堅，氣而不隱」者頗有中介之情。一般「水火氣化，捷而著」，但氣火相化，有快若電光，慢若傳薪；水氣相化有沸釜之間，也有密雲不雨，遲速不同。並且「氣火化疏，水氣化數」，此又與水火特性有關。而人具天地全形，人如水火相濟則生理健康；水火不濟，形氣不通，則病矣。

談到化遲與化速，宋應星認爲與其生速與生遲有關，近世胚胎學者亦有以懷孕期長短來斷生物種壽命者。當然這是無意外而言；但死亡後，如地氣盛衰不同，亦有遲速者，宋應星特名之爲「熔化」，如無速蒸之地氣，或實以水銀珠玉，則屍不朽，避免熔化，然畢竟已「生化」矣！如杉檜之木，伐固爲樑棟，雖未朽化，然已生化矣。這是＜形氣＞第三章的主題。

第四章談到生物迭相食（今所謂食物鏈與食物環或網）之生形轉化的同其氣類。並談到易氧化燃燒木石之與不易燃燒石類之不同，宋應星是以「天地眞火融結而成，人間凡火迎合而化轉虛無」來解，頗有同類相動之義。

第五章言土石五金之化。談到了土以載物，故土不會與物同化，並說土爲母，石爲子，土石相化，以及水火調濟的作用，有相當好的定性描述。

至於五金生化，他提到了土爲母，金爲子（所以我國金石合稱），以及化性活潑（生廣）的金屬量多，化性遲鈍（生希）的

金屬量少的事實與詮釋。並談到冶鑄回爐轉化間金屬變細微化而耗損的問題，這就涉及西方物理學「熵」（entropy）的觀念了，即物質或能量最後一定會越來越細分，而不易再凝聚，這是熱力學上不易回歸的自然歷程，近來不少理論物理學家正在檢討這個定理，也有不少生態學家借這觀念，並稱之爲「能趨疲」，以描述生態循環，如何保育自然生態和人文生態者。

接着是＜氣聲篇＞共九章，這是冠絕當代的聲學成就，甚至有極爲難得的聲波與水波的發生，傳遞類比，但本書主題爲方以智，就不冗了。而方以智與宋應星的氣論有其主幹的相似處，亦有一重「形類分」，一重「形氣化」之相異處，惜均書刊刻於鼎革後之清初，旋遭打滅，甚有佚失三百年者，中國的科技哲學或自然哲學未能做最好的整合並產生廣大影響，異族入主中原難辭其咎，這種衰敗至今未復。不過方、宋各以氣論見長，兩人以科學成就又一發爲光學，一發爲聲學，這種交相輝映恐怕不是偶然，而是中國科技哲學跡近圓熟時的表徵吧，惜太爲短暫了。方無大傳承，宋遭佚失，令人慨歎。

第三章 方以智的考據學與語言學

一、明代考據學的興起

前已言及，當明代不少學者走入束書不觀的「尊德性」之途後，許多理學家對秩序的尋求，一則是求諸大自然，一則是徵驗先人已獲的秩序，即經典，加上印刷術、書肆業發達，這便興起了明代的考據學，以至於經學。

本來古來經學即分漢學、宋學，漢人用傳注來傳經，偏重訓詁，名物，至唐之註疏皆堅守「註不破經傳，疏不破註」的原則，唐代如是傳經，也許正是針對魏晉玄學言空理有關，但如是泥古，至另一盛世的兩宋，終於因魏晉，納佛老，除倡理學外，於相關的經學，產生了重新檢討經傳作者，懷疑經書篇章字句的可靠性，重新思考前人經說的正確性，並藉經書來闡發義理❶，這一全面性的經學運動稱爲「新經學」，又稱「宋學」。

---

❶ 有關宋人新經學運動的大概情形，可參考屈翼鵬：〈宋人疑經的風氣〉，《大陸雜誌》二十九卷三期（民國53年8月）。葉國良，〈宋人疑經改經考〉，國立臺灣大學中國文學研究所碩士論文，民國67年5月。

迨至明太祖洪武十七年 (1384)， 定制以八股取士， 以朱注為官學，至成祖永樂十二年 (1414)，不特廢古註疏，於宋學諸子之論，亦多割裂成四書五經大全，學者只修大全，會時文，這科舉八股與經學末流的結合，不特漢學淪亡，宋學亦不振， 故張廷玉 (1672～1755) 有言： 「科舉盛而儒術微，殆其然乎！ 」❷， 顧炎武也說： 「自八股行而古學廢，大全出而經說亡。」❸

當時有識的知識分子，一是王陽明病朱學末流之支離，力闢支離， 於朱學末流炫博識之事頗多譏評， 然其格竹悟道， 雖重 「心即理」，走入了「以心格物」的階段，但這表示的是一種新的追求自然秩序與經驗知識的道理，並非反經驗知識，甚至他批評朱子格物說，而提倡恢復《大學》古本，在朱陸異同上，是從經典的編輯考訂上入手，這是走的很像漢學的路子，故他說：

> 大學古本， 乃孔門相傳舊本耳。朱子疑其有所脫誤，而改正補輯之， 在某則謂其本無脫誤，悉從其舊而已矣。……今讀其文詞， 既明白而可通；論其工夫， 又易簡而可入；亦何所按據而斷其此段之必在於彼， 彼段之必在於此，與此之如何而缺， 彼之如何而補？而遂改正補輯之， 無乃重于背朱而輕於叛孔已乎？❹

王學之反朱學， 本是反官學之失之一途，這種情形的另一途

❷ 見張廷玉，《明史》(臺北鼎文書局，民國64年6月)，卷二八二，〈儒林傳〉，頁七二二二。

❸ 顧炎武，《日知錄》，卷二十，頁五二六，〈書傳會選條〉。

❹ 葉紹鈞點注，《傳習錄》(臺灣商務印書館，民國72年)，卷中，頁一六六～一六七。

正如開創博雅炫奇之考據學風的楊慎（1488～1559）所說：

> 本朝以經學取人，士子一經之外，罕所通貫。近日稍知務
> 博，以譁名苟進，而不究本原，從事末節。五經諸子則割
> 取其碎語而誦之，謂之蠡測；歷代諸史，則抄節其碎事而
> 綴之，謂之節套，其割取抄節之人已不通經涉史，而章句
> 血脈皆失其真。有以漢人為唐人，唐事為宋事者，有此一
> 人析為二人，二事合為一事者。❺

其實楊慎之愛炫奇，也是傳了宋人之餘緒，而這也是明代考
據學者之一般現象。任何文化皆是在創造中有傳承，在傳承中有
創造，於心態，於學識皆如此。其實陽明心學又何嘗不然，王學
末流反智是他們不認識陽明，今人亦不應後來王學之反智而認為
陽明也反智，他如反智，又那有那麼多的經世成就，又斤斤於
《大學》古本，這豈不也是崇智之一途——考據之源。而明代又
何以有那麼興盛的經世科技！

其實明代理學名流，於王學後輩之失誤亦多明識，如王廷相
即謂：

> 近世儒者，務為好高之論，別出德行之知，以為知之至而
> 淺博學、審問、慎思、明辨之知為不足，而不知聖人雖生
> 知，惟性善、近道二者而已，其因習、因悟、因過、因疑
> 之知，與人大同，況禮樂名物，古今事變，亦必傳學而後

---

❺ 楊慎撰，焦竑編，《升菴外集》（臺灣學生書局，民國60年），卷
六十一，頁三，〈舉業之陋條〉。

知哉！ ❻

前言明儒心學爲理學之一革新，但仍是理學，否則又何以合
稱「宋明理學」，所以明儒，包括陽明在內，學識，心態承諸宋
儒者亦不少，當時考據先驅楊愼對宋學也有相當持平的看法：

> 六經自火于秦，傳注于漢，疏釋于唐，議論于宋，日起而
> 日變，學者亦當知其先後。近世學者往往舍傳注疏釋，便
> 讀宋儒之議論，蓋不知議論之學自傳注疏釋出，特更作正
> 大光明之論爾。傳注疏釋於經十得其六七，宋儒用力之
> 勤，剗僞以眞，補其三四而備之矣！ ❼

所以漢宋之爭在明代多少已到達經書眞僞之辨，如當時易圖
之眞僞問題卽頗甚囂塵上，楊愼也考證後斷言先天圖作於陳摶
（?～989），後天圖作於邵雍（1011～1077），而不是伏羲、文王
所傳❽。另外梅鷟也作《尙書考異》。

既然有了經書眞僞之辨，文字音義，乃至名物制度，甚至經
書輯佚的工作自也興起，這就是考據學與語言學的興起了。

而創始考據學風的楊愼又博學多才，影響力大，而明代考據
家，如楊愼、陳耀文、焦竑（1540～1620）、陳第（1541～1617）、
方以智等亦皆好奇炫博，並有經世思想。甚至明初前後七子的復

---

❻ 王廷相，《王廷相哲學選集》（臺北河洛圖書出版社，民國63年），
〈雅述上篇〉，頁八六。

❼ 楊愼撰，焦竑編，《升菴外集》，卷六十，頁一，〈劉靜修論學
條〉。

❽ 楊愼，《升菴外集》，卷二十四，頁七下～八下。

古運動，所謂「文必秦漢，詩必盛唐」，他們「取司馬遷、班固之言，摘其字句，分門纂類，因仍附合」❾，失去了經傳散文的眞精神，難怪明初經學日形衰落，但秦漢文中多所古物，只是明代秦漢時留存之物已少，士人由好古而炫奇，乃至明代考據好博雅炫奇，也是一大影響❿。

二、方以智在明代考據學上的成就與地位

明代考據學是由楊愼開其端，而由方以智集其大成，此說除今人林慶彰主張外，其實《四庫全書》作者在以智所著《通雅》之〈提要〉中也說了：

> 明中葉以後，以博洽著者稱楊愼，而陳耀文起而與爭，然愼好僞說以售欺，耀文好蔓引以求勝，次則焦竑亦喜考證而習與李贄游，動輒牽綴佛書書，傷於蕪雜，惟以智崛起崇禎中，考據精賅，迥出其上，……，雖其中千慮一失勢所不免，而窮源溯委，詞必有徵，在明代考證家中，可謂卓然獨立者矣！

而明代考據家之好僞說、蔓引，甚至牽綴佛書，可能與宋後好談心炫奇之明代士風有關，這點以智亦難免。

那麼以智的考據學成就在那裏，而得如是的稱讚呢？大抵是「寓理學於經學」時的「崇實」精神！

---

❾　周亮工，《因樹屋書影》（臺北世界書局，民國 52 年），頁五。

❿　林慶彰，《明代考據學研究》（臺北學生書局，民國 72 年），第十章〈結論〉，頁五八二～五八三。

　　因為崇實，所以嚴謹，這是以智最迥異其前代考據家的地方，當然也是前代考據家在探索考據方法與途徑時，良莠摻雜，使後來的以智得以嚴謹。其《通雅・凡例》中曾自況：「此書必引出何書、舊何訓、何人辨之，今辨其所辨，或折衷誰是，或存疑俟考，便後者之因此加詳也。士生古人之後，貴集眾長，必載前人之名，不敢埋及。」〈凡例〉還說：「古人不似後人之求詳整也，然後人之詳整，便故分之。」〈自序〉中還對前賢之努力說：「以今論之，當駁者多不能駁，駁又不盡當，然因前人備列以貽後人，因以起疑，因以旁徵，其功豈可沒哉！今之合而辯正也，固諸公之所望也。」

　　以智考證工作，還特別重視證據，考證工作首先必須能發疑，所以《通雅》卷一、卷二就叫〈疑始〉。次則需「必博學積久，待徵乃決。」⓫，過程中則必需「通考而求證之」⓬，並找新證據，「是正古文，必藉他證乃可明也。……以智每駁定前人，必不敢以無證妄說。」⓭這話考諸其《通雅》，大抵得其實。

　　但考據工作之重心，不在於駁，而在於定，即對於古，對於今，求其會通以定，不以今律古，又不泥古非今。以智在《通雅・卷首一》的〈考古通說〉中：

　　　古今以智相積，而我生其後，考古所以決今，然不可泥古也，古人有讓後人者，韋編殺青，何如雕板，龜山在今，亦能長律，河源洋于潤潤，江源洋于緬志，南極下之星，

⓫　《通雅・凡例》，頁三下。

⓬　《通雅・卷首一》頁二。

⓭　同上，頁七。

唐時海中占之，至泰西入，始為合圖，補開闢所未有。

又曰：

> 孔子無誅少正卯事，三一公斷斷然也！……古文畫卦卽是
> 文字，不必苦辨，……古人說理事之音義，轉假譬喻為
> 多，不可執後人之詳例以論也，況有厄寓附會者乎！……
> 是用約通其故，以助讀書者，但會其意，勿為刻畫隱語所
> 迷。

又說：「漢儒解經，類多臆說，宋儒惟守窰理，至于考索物
理時制，不達其實，半依前人。」以智在這種「承諸聖之表章，
經群英之辨難，我得以坐集千古之智，折中其間，豈不幸乎！」
之下，頗多會通古今之處，如對於孔子誅少正卯，卦前文字之
易，「問西山餓夫不食周粟有之乎，程子曰，不食周祿耳」，「鄭
聲淫，非鄭詩淫也！」易卦「畫前畫後，非造閉解閉之所出」，
對於古書中後人塡入，卽持以完全否定經典，以智的看法是：
「段書不必盡結，貴明其理，或以考事，或以辨名當物，或以驗
聲音稱謂之時變，則秦漢以來之所造所附，亦古今之徵也，卽如
《素問》本草，學者治加，豈可以漢郡名而疑神農周公，《爾
雅》學者隨時增益，自是通訓，豈可以張仲而黜之」，這種漢代
竄入，卽以漢代而論考之，不以漢入古而非古，亦不以古而非漢
的「考古哲學」，也難怪以智考據工作集明代之大成，有考有證
有定也！此所以《通雅》，通者通古今也，雅者正古今之誤也
了。

　　上面所談，是以智的考證哲學與考證態度，在實際考據工作上，以智最有成就的是文字音義，地理、官制方面，文字音義屬語言學方面，容後再論，地理、官制上之成就則略列之。

　　以智之考訂地理，乃承繼楊慎以來之傳統，而徐霞客之遍歷山川，亦深所影響也，不過以智除考地理外，特重地圖之繪編，曾言：「天文、地理、器象、制度之類，非圖豈易學哉！」❶❹蓋其時利瑪竇《萬國圖法》已傳入，頗受影響，並曾想參考泰西地球畫度繪製＜禹書經天合地圖＞❶❺，後其圖雖未成，然已足見以智有新穎之地理知識。對古事亦求編圖：「欲以朱思本畫方配里法，倣謝莊之截木分合，就各地古事編圖。會括諸志于修壤考，一時不及，姑鈔所記以俟。」❶❻

　　以智考訂地理，詳見《通雅》卷（3～17）計考方域、水道、地名異名與九州建都考略。而無論編考地名古今之遞嬗，考地名之異音同實，乃至水道源流，歷朝建都，皆在明注古今，以通古今形勢之變，其考地名，因以智曾遍歷東南、西南，頗述及湖廣滇黔之少數民族之地名，此亦前人之所不逮也。在水道方面，以智曾譏桑欽《水經》與酈道元（?～527）《水經注》之誤。

　　然以智之所以特愛考各朝，各諸侯之建都者，蓋由是可明各朝遷遞之迹，以及地理重心遷變之大勢，吾國北軍南經，南糧北運久矣，此中遞嬗，頗饒興味，而明代南北兩都形勢，影響及於全朝，恐亦以智關心之所繫也，用心深遠，令人敬佩。這些都是其前之考據家，所未顧及者。

----

❶❹　《通雅・卷首二》，頁九。
❶❺　同上，卷十五，頁三七。
❶❻　同上，卷十三，頁一。

至於考古今各種官制之演變，亦在明其遷遞之跡，乃會通古今之一例。

然就地理、官制兩項而言，以智之考據思想與成就已頗超乎前人之上，不過亦有若干缺失。其一為以智於前代僞書肯定其部分價值，其通達之態度有時卻會失察，至誤引僞書，如薪薪條，以智云：《子貢詩傳》：漸漸作嶄嶄」❶，其實《詩傳》故作古字，使人信之，以智不察，遂受其欺。其二為引文字，隨意刪略，又不加說明，有時誤實。其三為引書名時，同一書稱名多種，使人易起誤會，如《禮記》一書，竟稱名有《戴記》《記》《禮記》《禮》四種之多等等。甚至論證有時亦有失誤者，然以智之嚴謹實遠邁前人，方能啟清初顧炎武、閻若璩（1636～1704）、朱彝尊之一掃懸揣之空談，並成乾嘉之盛，承先啟後之功不可滅，惟乾嘉為考據而考據，漸失以智等人經世之旨，此雖清廷高壓所致，士人逃古非今，然終竟為吾中華民族之大憾也！！

三、方以智的語言學與語言哲學

考證文字音義，並非始自以智，追尋原典眞義自必涉及文字音義之考訂，故楊愼說：

> 今日此學（指字學），影廢響絕。談性命者，不過剽程朱子蒲魄；工文辭者，止於拾史、漢之聲牙。示以形聲、孳乳，質以蒼、雅、林、統，反不若秦時刀筆之吏，漢氏奇

---

❶　同上，卷九，頁三三。

舫之童，而何以望古人之宮牆哉！　**㉛**

焦竑也說：

> 嗟乎！士未有不通古人之經，而能知其義者，亦未有不通
> 古人之字，而能知其經者。學者倘絲此編（指李行周《書
> 文音義便考》一書）而觸類以通之，毋謂古道之終難還
> 也。**⑲**

方以智則有更進一層的強調：

> 備萬物之體用，莫過於字；包衆字之形聲，莫過於韻，是
> 理事名物之辨當管庫也。……此小學必不可少者也。**⑳**

又說：

> 函雅故，通古今，此鼓篋之必有事也。不安其藝，不能樂
> 業；不通古今，何以協藝相傳，詎曰訓詁小學可升髦乎？
> 理其理，事其事，時其時，開而辨名當物，未有離乎聲音
> 文字而可以肇以正者也。**㉑**

---

⑱ 楊愼，《升菴合集》（臺灣商務印書館，民國57年）卷二，頁二
○，〈六書索隱序〉。
⑲ 焦竑，《焦氏澹園集》（臺北偉文圖書公司，民國66年，影印本），
卷十五，頁五～六。
⑳ 《通雅》，卷首二，〈雜學考略〉，頁七下。
㉑ 《通雅·自序》。

聲音文字，小學也。然以之載道法紀事物，世乃相傳，合
外內，格古今，雜而不越，蓋其備哉！士子協於分藝，卽
薪藏火，安其井竈，要不能離乎此。㉒

　在中國談文字音義之學的，首推《說文》，所以以智《通雅》
卷首一有〈說文概論〉，於《說文》收字之疏漏，說解之舛誤、
引書之異同等，皆有指陳，卷首二則論及《說文》源流及字學家
辨定《說文》之紋述，如說《說文》在漢字止九千，韻集出唐言
增三萬，大致是佛教東傳六百餘載使然等㉓。又卷一，卷二之
〈疑始〉又在論及古篆古音時，辨《說文》之誤，諸如頁、首、
百三部首字實源出一字㉔。又許愼（30～124）依小篆以解字立
義，而未顧及文字由大篆變小篆時字形之訛變，因此《說文》之
義不可爲古義，如止乃足，非若《說文》所說取象於草木出址㉕
等。今人林慶彰氏謂以智在這方面之成就，甚至超過顧炎武㉖。
　在字音方面，以智之考訂一爲多音字分析，一爲正音讀之
誤，如言敦字有十七音，苴字有十七音，以及古音選當音算等
等，在這方面，以智過分汲汲於某字幾音者，實有好奇爭勝之
嫌，而在字音方面，以智未能就諸韻部通轉之關係，予以系統之
歸納，以推究古韻之分部，較之顧炎武之分古音爲十部，實有不
及㉗。

***

㉒　方以智，《浮山文集前編》（明此藏軒刊本），卷三，頁四二上，
　　〈四書大全序〉。
㉓　《通雅‧卷首二》，頁三〇。
㉔　同上，卷二，頁一。
㉕　同上，卷一，頁五〇。
㉖　林慶彰，《明代考據學研究》頁四九九。
㉗　同上，頁五〇四～五〇五。

另外以智喜考訂通假字與聯綿字，以智首先認爲通用假借字之成因爲古字簡少，後因事變義起，不得不分，故未分字先分音，其後因有一音，而借一字配之，因而通假字增多。這表示以智看出文字之借用間必有聲韻之關係，雖不若今人所知通假之條件爲同音、雙聲、叠韻，但以智在考據時，大抵還是用這三原則。如丘、區古通；我、義古通；欦、嗛、慊、謙、嫌通用；綏、緌、妥通用；包、孚通皆符合三原則，因義、我古音皆在歌部；欦等古音皆在談部；綏等皆在微部；孚古讀爲重唇音，故有包音等。

至於聯綿字之考訂亦爲所喜，則或與雙聲、叠韻有關、不過以智只暗及此，而思不及此，故考訂甚不佳，今人林慶彰曾舉出十條以智所不及處。❷⑧

以智遍歷山川，故知各地方言俗語皆有音讀之異，故特重方言俗語之考訂，如《通雅》卷首一卽有〈方言說〉，敍歷代有關方言之著作，並歷引前賢以方言注書之例。而各卷中亦時有重方言之語，如：

> 天地歲時推移，而人隨之，聲音亦隨之，方言可不察乎？❷⑨
>
> 草木鳥獸之名，最難考究，蓋各方各代隨時變更，……須足跡遍天下，通曉方言，方能核之。❸⓪
>
> 愚歷引古今音義，可知鄉談隨變而改矣。不考世變之言，

---

❷⑧ 同上，頁五一一～五一七。

❷⑨ 《通雅·凡例》，頁三。

❸⓪ 同上，頁二～三。

豈能通古今之詁，而足正名物乎？❸

以智並認爲「古人多引方言以佐證經傳」❸，且歌謠小說，實有各時之方言❸，如以今方言證古方言，對經傳之瞭解必可增進。

所以以智做文字音義考訂的目的就在瞭解經傳，卽做義理之貫通，也就是借考據以通義理的意思。既然如此，文字是承載義理的，所以以智本身也借文字義解闡述他的義理，如他解「性」云：

「『心』『生』曰性；草木出生曰『生』，物之始得於天者，天命之矣。」❸，但人與草木固都有性，但人之不同在於有心，所以：「天地之虛橐籥於人之虛，名其虛曰心。」❸以智並釋「虛」爲「墟」，卽有人煙之處，卽以心爲受性之處，故又云：「性者，君也，心者六官也。」這是因爲心是安頓性的地方，正像六官是安頓君的地方。這種釋「心」「生」爲性，「虛」爲「墟」就是以智闡述義理的方法之一。

又如他說：「微哉危哉，道心卽人心也，惟其危，所以微。」❸「知人心之絕非道心也，而道心在其中，舍危無微，惟精乃一，表道心以用人心。」❸卽以「危」「微」之音通以釋「道心

---

❸　同上，卷首一，頁三。

❸　同上，卷一，頁一。

❸　同上，卷首一，頁二二。

❸　方以智，《東西均・許諸名》，頁七七。

❸　同上，頁七六。

❸　同上，〈生死格篇〉，頁五七。

❸　同上，〈盡心篇〉，頁三二。

要由人心顯」之危與微。

　　這種以文字音義闡述義理的方法，是以智「聲音文字之小學，蓋道寓於器，以前用盡神者也。」❸觀念的發揚，卽薪藏火，寓意深長，可能《說文》與一般字家無此說也不一定，但這是一種釋義理的方法，則是絕對可以的，因爲卽使前人未如是說，並不表示造字者或用字者無此意，尤其是用字者，甚至造字者或用字者可能本身並不自覺，而由後人覺之也，這是一種民族文化潛意識與意識之間的問題，我姑名之「深層語言學」或「文化語言學」或「現象語言學」，而由這種語言哲學去作語言學的探討，是我正在努力（特別是科技史方面），並期望大家探討的一方向。

　　不過方以智對因音生義太過注重，這使他認爲「則因有一音，而借一字配之」❸，但他未能就諸韻部通轉之關係，予以系統之歸納，一如顧炎武所努力者。因此西方音韻學之傳入，如金尼閣（Nicolas Trigault）之《西儒耳目資》，對以智的影響，可能是一方面促進他認爲音韻很重要，一方面卻誤認爲拼音文字甚佳，頗有幾分漢字可羅馬拼音化的意思，如他說：

　　……余十餘年疑十數家之等韻，忽因泰西創發。❹
　　今日得《西儒耳目資》，是金尼閣所著，字父十五，母五十，有甚、次、中三標，清、濁、上、去、入五轉，是可以證明吾之等切。❹

---

❸　方以智，《浮山文集前編》，卷五，頁一九上，〈字彙辯序〉。
❸　《通雅》，卷一，頁一八。
❹　《東西均・所以篇》。
❹　方以智，《膝寓信筆》，頁一九上。

泰西氏十字皆只一畫，作 1, 2, 3, 4, 5, 6, 7, 8, 9, 0，不煩兩
筆。㊷

字之紛也，卽緣通與借耳，若事屬一字，字各一義，如遠
西因事乃合音，因音而成字，不重不共，不尤愈乎？㊸

　　這就與他釋「『心』『生』爲性」「微哉危哉」之卽薪藏火
的述義理法大相逕庭，這可能因爲他固然認爲道寓於器，半自覺
地用了「深層語言學」或「現象語言學」，卻未深刻體悟，乃有
這兩相矛盾之事，如漢字羅馬化，則就語言以探文化之義理，豈
不盡喪！何況西方拼音文字之結構，亦有其深層義理，如電路
(Circuit) 語出圓環 (Circle)，卽明顯表示電路必須成環路，電
流方能有去有回，電路上才可能有電流也。

　　總之，由上諸節所言，以智之考據哲學與語言哲學，大抵皆
導致他考據學與語言學上之成就，他相當整合了明代的考據學，
清代考據失經世之旨實以智所不願見，至若語言學則以智有得亦
有失，然以今觀之，實乃一先知也。

㊷　《通雅》卷一，頁一五下。
㊸　同上，卷首一，頁一七上。

第四章　方以智的東西均思想

一、東西均思想的歷史背景

　　《東西均》一書完成於 1653 年，時正明桂王永曆七年，清順治十年，是一個動蕩的大時代，漢族與滿族的政治糾葛正盛，文化上異族髮式服式與漢家爭，西方的科技、宗教與中華爭，而永曆的小朝廷黨爭仍一如明季，明代鈎玄尙無的學風與崇實經世的學風爭，甚至「脫得朝中朋黨累，法門亦自有戈矛」❶，《清初僧諍記》❷一書言之詳矣，時方以智方入空門，以明季之貴介，家學之淵源，遭家國之痛，處文化之險，乃拔峻而書，其名曰：《東西均》，是一大勘破，也是以智後半生之破紅塵又緣紅塵之故也。今且略詳言一二。

　　方以智的《東西均》一書是當清兵陷廣西平樂後，以智不屈出家，與施閏章北遊匡廬，作於廬山五老峯頂，時吳三桂之清兵窮追永曆帝不捨，以智並被迫，身在儒門而出家，永曆帝左右相

---

❶　爲《南雷詩歷三》中峯與熊魚山夜話，見陳垣著《明季滇黔佛教考》卷二，法門之紛爭第五。

❷　亦民國陳垣（援菴）先生名著。

互傾軋，清廷又施以漢制漢之計，而當時薙髮換服正威脅著每一漢族男士，其時因明亡，知識份子痛虛無狂禪之誤國，經世、考據之風，諸如顧炎武之《天下郡國利病書》等均將撰就，而明亡實亦起於朝廷、流民之爭；富戶、農民之爭；東林、閹黨之爭，甚至將相、諸王的意氣之爭；而明季傳入之西學，除在科學觀上與中土迥異外，崇天主，卑家庭而與中國傳統不合，所幸士人尚頗省西方科技之長處，耶穌會士也頗知中土傳教之道，如比擬中國經典中之天道、上帝等，故直至清初，尚無大扞格，然此一文化激盪對關心文化救國之方以智等人實深感重大。

儒門有爭，以智出家後，又身感佛門紛爭之激烈，如他身在的曹洞宗又與臨濟宗勢成水火，而淨土又與禪宗爭宗旨爭徒眾，陳援菴先生有三卷十子目的《清初僧諍記》詳述紛爭事實，並在《明季滇黔佛教考》中更把這些紛爭歸類於宗旨學說之爭，門戶派系之爭，意氣勢力之爭，墓地田租之爭。而當時儒、釋之爭又很厲害，如以智後所主之青原雖為禪宗七祖道場，一度命為王學講筵……。

而方氏家學，自以智曾祖方學漸起，即力主朱王調和論，如曾說：

> 漢訓詁，唐辭章，有空談而無實行，故宋儒起而篤躬修。修之敝也，有襲行而無實心，故新建起而絜良知，不善學者往往依附靈明而又弊之乎虛矣。❸

因此力主「虛無不離實有」，曾說：

---

❸　方學漸，《庸言》頁一上，〈崇實論〉。

實乎其所可實，不實乎其所不可實，是之謂虛；有乎其所
當有，不有乎其所不當有，是之謂無。聖人藏虛於實，潛
無於有。❹

　甚至病釋老之虛無，有言：「今天下之溺於釋，不啻晉之溺
於老。明鑒不遠……。」❺「故聖人盡性，二氏滅性；盡性可以
保四海，滅性不能保一身。」❻

　以智先祖方大鎮亦提出虛實相反相成論：「虛靈備萬，本如
是也。理明而貫實事，乃享中節時宜。君子虛受，即是充實；願
力誠實，自然虛公。豈以我見滯實之病，而掃倫物，學問之實務
乎？豈以掠虛欺人之病，而諱虛明神化之本體乎？」❼

　以智早年受業師王宣亦主張：「用實者虛，用虛者實，虛實
本一致也。」❽

　以智父孔炤作《崇禎曆書約》，此實學也，並言「易無體而
寓卦策象數以爲體而用之。……故致理以象數爲微，而曆律幾
微，正盈虛消息之表也。」❾，也主虛實合一。

　以智青年撰《物理小識》《通雅》，力行實學，然不廢通
幾，中年歷經爭亂，深感諸爭之源於不均，復又家學淵源，自然
有調和之思，代錯並行不悖之感，遂力從思想本原上作一廓清，
乃一改青年力實作風，先後寫下了中國思想史上，「對立和諧」

❹　《庸言》頁四下，〈虛無論〉。
❺　同❸。
❻　同❹。
❼　《通雅》卷首二，〈讀書類略提語〉。
❽　同上。
❾　方孔炤：《周易時論圖象幾表》卷七，頁一上。

的最早「辯證論式」《東西均》以及《藥地炮莊》，炮三教而歸於易爐也❿。何況以智之岳丈吳應賓與淨土大師往來甚密，以儒者兼通釋典，師事「三教先生」林兆恩（1517～1598），吳氏門人並私諡「宗一先生」呢⓫！

二、東西均思想的內容

「東西」二字今俗語指「物」，物卽顯乎兩端，有好壞、剛柔、精粗……等，故言「東西」，以智曾考證「東西」喻物起自南朝齊＜豫章王嶷傳＞：「百年亦何可得，止得東西一百，於事亦濟。」⓬，故以智之「東西」卽泛指顯爲二之任何「兩端」。

至於「均」，以智自釋爲：

> 均者，造瓦之具，旋轉者也。董江都曰：「泥之在均，惟甄者之所爲。」因之爲均平，爲均聲。樂有均鐘木，長七尺，繫絃，以均鐘大小、清濁者，七調十二均，八十四調因之（自注：古『均』、『勻』、『韻』、『㪍』、『鈞』皆一字）。均固合形聲兩端之物也。⓭

所以「均」者，冀調和形，調和聲，以至一切相對之兩端，

---

❿ 張永堂，《方以智的生平與思想》，頁九三。

⓫ 今人王煜有〈方以智倡三教歸易論〉，見《中國文化月刊》五十六期，民國 73 年 6 月。

⓬ 《通雅》卷四十九，頁二五。

⓭ 《東西均·開章》，頁一。

這也就是《東西均》書名之命名用意。

但調和之均道，亦有「可以均者，有藏無之費均」，如樂器之均鐘木，調諧器；以及造物之均勻攪拌器等，皆爲各種實物，亦有這些實物制作操作之理，卽「何以均者，無攝有之隱均」；而通所有這些物與理者，或說費均與隱均者，乃「兩端中貫，舉一明三，所以爲均者，不落有、無之公均也。」，這很明顯的是虛實貫通調和論⓮。

至於一般事物之兩端就更多了，不過「兩端」一語以智也是借自《論語・子罕篇》的「吾有知乎哉？無知也，有鄙夫問於我，空空如也；我叩其兩端而竭焉。」，本是孔子的誨人自誨之道，而「兩端，係指客觀的對立或不對立的層面」。以智所用亦係此義，所以才說「兩間有兩苦心法，而東、西合呼之爲道。」⓯

不過以智較強調東西兩端對立的一面，故說：「東起而西收，東生而西殺」，但重要的是：「東、西之分，相合而交至；東、西一氣，尾銜而無首。以東、西之輪，直南、北之交，中五四破，觀象會心，則顯仁藏密而知大始矣。密者，輪尊⓰傳無生法忍以藏知生之用者也，昭昭本均如此。」⓱

這裏所談的交、輪，是以智「交、輪、幾」一概念的重要名詞，《東西均・三徵篇》卽專論「交、輪、幾」三項，並隨時插入「隨、泯、統」之觀點，蓋「交、輪、幾」乃天地自然之化育秩序，而「隨、泯、統」，乃人明天地，參天地之化育者也。也

⓮ 諸語均見前註。

⓯ 同上。

⓰ 以智所稱「萬古所師之師惟有輪尊」，見前註。

⓱ 同前註。

就是「開天地目」者。其言：

> 明天地而立一切法，貴使人隨；暗天地而泯一切法，貴使
> 人深；合明暗之天地而統一切法，貴使人貫。以此三因，
> 通三知、三唯、三謂❶❽之符，覆之曰交、曰輪、曰幾，所
> 以徵也。交以虛實，輪續前後，而通虛實前後者曰貫——
> 貫難狀而言其幾。暗隨明泯，暗偶明奇，究竟統在泯、隨
> 中，泯在隨中。三卽一，一卽三，非三非一，恆三恆一。

　　一切的物則，法則是人明天地所得的律，當然要「隨」，但
旣是人心所得之律，是會隨天地與人心而變動，每一時空可能有
每一時空之律則，所以不可僵執，必須要「泯」，也就是要「化」
❶❾，能明，能隨，能泯，能化，就是一可統貫之境界，並且每一
明，在隨中都要懂得泯化，所以說泯在隨中，統在泯、隨中。

　　但不僅人道的「隨、泯、統」是「三卽一，一卽三，非三非
一，恆三恆一」，天道的「交、輪、幾」也是這樣的，先看他怎
麼定義「交」「輪」「幾」：

---

❶❽　三因是正因、了因、緣因；三知是《論語・堯曰篇》的「不知命，
　　無以為君子也，不知禮，無以立也，不知言，無以知人也。」；三
　　唯是《易傳》的「唯深也，故能通天下之志，唯幾也，故能成天下
　　之務，唯神也，故不疾而速，不行而至。」；三謂卽《中庸》的
　　「天命之謂性，率性之謂道，修道之謂教。」

❶❾　如《東西均・盡心篇》「泯於日用」卽「化在日用中」也；又「泯」
　　有「無」之意，而〈盡心篇〉亦有言「無也者，化也」，「化其所
　　見，無無不有，有無不無。」，並有「愚以『盡變化』三字……明
　　孟子之『盡心』九句。」，不過「統」也可謂之化（見〈反因篇〉
　　末段），此或「卽隨、卽泯而卽統矣。」（〈三徵篇〉）。

何謂虛實交?……。

一不可量,量則言二,曰有、曰無,兩端是也。虛實也,
動靜也,陰陽也,形氣也,道器也,晝夜也,幽明也,生
死也,盡天地古今皆二也。兩間無不交,則無不二而一
者,相反相因,因二以濟,而實無二無一也。❷

一切外顯的事物都有其對立性,如虛實,動靜等等,但事物
不會無端而立,必有安排事物秩序的空間,這或可謂之虛,但空
間也不能脫離所安排的事物(這是實)而存在,以智在<公符
篇>即曾言「空中之色,色可無,空可無乎?……言本體者,猶
言本色也。本色者,素也。」所以是虛實相交,其實宇宙中任何
兩端的事物是相依才能相立,相立而又相交,所以「相反相因,
因二以濟」,終「無二無一」,即「一在二中」也。

事物是相對立❷,相交通;事物的存在代表空間的存在,而
交通的過程卻是在時間中遞變,這就是「輪」,這是以智自佛家
「輪廻」借來的名辭,指「輪續前後」,那:

何謂前後輪?

曰:因有推無者,必推無始,推之則念會有無始矣。念也
者,「今心」也。於無始中掫其終始,則一呼吸為終始。
一呼吸卽一生死也。一呼而一吸中有前後際焉,察其前後
際,然後能察無始,而人不能察此幾微,故以大表小,於

---

❷　見〈三徵篇〉。

❷　對在中文有對的(right),對偶(pair)及對立(opposite)之義,
　　所以對立必定是對的,因為必成對偶而和諧。

> 是言一日之生死為晝夜，一月之生死為朔晦，一歲之生死為春冬，天地之生死為元會。明天地之大生死，卽明一呼吸之小生死，而人一生之生死明矣。
> 推見在之前際，卽過去之後際，推見在之後際，卽未來之前際；此一天地未生前，卽前一天地已死後，此一念來生前，卽前一念已死後；今日之子時前，卽昨日之亥時後；而天地之大生死，卽一日之十二時也。佛闢天荒則創名曰「輪」。邵子闢天荒創元會運世之限，以註成注壞空之輪，豈非振古希有者哉？[22]

所以以智認爲事物在時間中的遞變是會念生滅，會生會滅，會滅會生的，知大生滅卽知小生滅，反之亦然，天地如斯，呼吸亦如斯，而一提念，則人心之介入則明，卽令天地之生滅亦隨念會之「今心」悟解否了！這一來自然有人道之「隨、泯、統」介入運作，故他又說：

> 輪之貫之，不舍晝夜，無住無息，無二無別。隨、泯自統，自然而然，知之亦然，不知亦然，然其所然，同歸於盡，同歸於不盡，而人倫之至，且救見在，故須知之。知之必開「天地目」，則休原不休。知此不休，乃大休耳。因有天地，隱一無天地，而剔一不落有、無之統天地。究竟統、泯無逃於隨，但知隨中之泯、統，又何九六三一之縷罣乎？[23]

---

[22] 見〈三徵篇〉。
[23] 同上。

　既然「隨泯統」與「交輪幾」時交時隨，時輪時泯，天道要由人道顯，而人道又在天道中，所以他接著說：「何何氏（這是以智自稱）嘗云：『天地目』者，天地生人，人即天地。」

　事物是在時空中交輪，但不特時間不能脫離空間，空間不能脫離時間，時空乃一連續整體，即令時空本身亦在嬗變，但變必有徵，亦必有則。關於時空之一體性，以智在《物理小識》卷二〈藏智于物條〉中即言：「乃知物之則，即天之則，即心之則也。（這是言必由人心以參天則）管子曰，宙合，謂宙合宇也，灼然宙輪于宇，則宇中有宙，宙中有宇，春夏秋冬之旋輪，即列于五方之旁羅盤，而析幾類應，孰能逃哉？」，這是說上下四方之宇與古往今來之宙相互存有，即有所交輪，但必須「析幾類應」，也就是「測器有道，測理善因，吾以實徵之，任以喻聽之，何實而非喻乎？何喻而非徵乎？」㉔那麼什麼是「幾」呢？以智如是說：

　何謂幾？

　曰：交也者，合二而一也；輪也者，首尾相銜也。凡有動靜往來，無不交輪，則真常貫合，於幾可徵矣。無終始而有終始，以終即始也。

　「幾」者，微也，危也（自註：有幾希、幾察、幾近之義焉，從『丝』從『戍』，機械，機詳從之），權之始也，變之端也㉕。

㉔　同上。
㉕　同上。

　　「幾」是可徵之「微」，但把握不住，卻又是十分危險的，
觀乎天機，機械，……，可知過半矣！所以《易傳》才有「知幾
其神乎」之嘆！在時空交輪下，「生生幾幾，變變不變」，如能
「以不變貫隨前、後，幾而泯之，（必）如滴滴成泉」，所以「是
必格破虛實之交，而後能合虛、實交之幾；迸裂前、後之際，而
後能續前、後際之幾。……由泯知統，乃許大隨。」，當然這樣
貫合，「明不見之幾於代錯」，是非常危險的，所以以智才說
「統、泯、隨之交，輪、幾，亦指端之樓閣耳」，既言其易，亦
言其險，人豈可不愼乎!!

　　以智之「隨、泯、統」與「交、輪、幾」係一「兩端用中，
一以貫之」的對立調和論，他以圓∴（音伊）以舉一明三表之，
上一點爲無對待、不落四句之太極，下二點爲相待、交輪太極之
兩儀❷，而這又是一在二中，合二爲一的。

　　對立調和論是很好的，但弄不好就失之於「矛盾」中了，因
「衆好之門即衆禍之門」，所以以智又強調「隨、泯、統」與
「致良知」的關聯，其言曰：

　　　　曰「無知」者，祛妄覺也；曰「無知之知」者，祛廓斷也。
　　　　「知」以天統，「良」以德泯，「致」以法隨；「致良知」
　　　　固三謂之表，而兩不謂之衡也❷。

而至此也可知「致良知」是既關於人文秩序，也關聯自然秩序
了，所以以智在＜全偏篇＞中又說「格破內外，何心何物，格踐

---

❷　參看〈三徵篇〉末段。

❷　見〈盡心篇〉。

而致用矣，不言致用則聖人出世何爲乎？」

　　寫到這裏，想到與以智同時之徐光啓，高脅譯 "Geometry"
爲「幾何」，但幼時學幾何，即閱一打油詩：「人生幾何，竟學
幾何，學了幾何，又能幾何？」，也難怪以智在＜盡心篇＞有這
樣一段話了：

> 盡有專門。盡何專門？門不一門，能入爲門，能出爲門，
> 不出不入，無門一門。與賈且者，久而善賈；與道且者，
> 漸而頓開。幾何直盡，姑與之且。銳身者少之，逡逡者引
> 之。發然受緣，且惟患其不且。稚子入楚則楚些，入吳則
> 吳趨，夷由不得與之爭，能易始引也。久與之處，則所做
> 者應有而有矣。

　　既然對立調和之「幾」微也，危也，所以必須把握「存、泯
同時之時中」❷⑧，這就是「公符」，或說「善惡之榜」「所以勾
股古今而繩衡萬應者」之「準也者」，要能如是，必須從經典以
學，所以以智在＜公符篇＞就說：

> 《詩》、《書》、《禮》、《樂》，雅符也；《易》、
> 《春秋》，陰陽之合符也。《易》以統之（註：言以理統
> 之也），《春秋》以終之（註：言以事合之也），六觚之
> 公準成矣。《易》以準襲律，《春秋》以律準襲（可見上
> 註）。權時中之幾；遊公是之矩。律天道之差錯，而以學
> 《易》頗過；律寒暑之森然；而以《春秋》知罪。天地蠢

---

❷⑧　見〈公符篇〉末句。

萬物而獄之，聖人戮天地而判之。

　　所以要學者，自然是「上根少，中下多」，必須「正告中下」，以使其明「陰分善、惡，陽亦分善、惡，非有是、非，是亦有是、非。要其大咸，惟先統後謂無先後，故言『太無』以統善、惡，而明『至善』以統有、無，是曰至誠，是曰公是。」而這一番「太無」與「至善」之互統正是「惟圓有觚（通弧），觚以立之，而與以圓之。」，而這也與＜反因篇＞末段之「太無統有、無，至善統善惡。『統』也者，『貫』也，謂之『超』可也，謂之『化』可也，謂之『塞』可也，謂之『無』可也。無對待在對待中，然不可不親見此無對待者也。翻之曰：有不落有、無之無，豈無不落有、無之有乎？曰：先統後，後亦先，體統用，用即體矣。以故新其號曰『太極』，愚醒之曰『太無』，而實之曰『所以』。」

　　也就是「東西均」後，統之必須有用，也就是統是要統合配應，也就是以智說的「析幾類應」，這自然是經世精神。

　　不過求「均」，「均」以求用，古往今來之聖賢都求爲之，不僅以智一人而已，但大多是「代明」，「錯行」之「偏均」，而不是「公均」，以智對過往聖賢之評價是：孔子爲達巷之「大成均」，老子爲「混成均」，孟子爲尊大成的「鄒均」，莊子爲尊混成之「蒙均」，至於西乾佛教則爲「空均」，以及禪宗之「別均」，至宋而有濂洛關閩之「獨均」，而「獨均」與「別均」又號爲「專門性命均」，佛教中與儒家中專講經論傳注者爲「傳注均」，但除了孔子是「大成明備，集允中之心均，而苦心善世，以學爲旋甄和聲之門，彌綸乎大一而用萬卽一之一，知之樂之，

眞天不息，而容天下」，是見道之大全的「全均」（或「公均」）
外，其餘都是專門於性命、專門於事業、專門於象數、專門於考
辨、專門於文章，只見道之一端的「小均」❷。

由以上對以智「均的哲學」的討論，足可見「隨、泯、統」
相關於「交、輪、幾」是以人道在天道中，天道由人道顯的一套
人參天地之化育的對立調和哲學，講求「統類配應」，這一套致
良知的哲學絕不是「正反合」那一套機械的辯證法則，當然更不
是矛盾對立鬪爭論了，許多尊他爲中國辯證法的先知的實在是附
會了。

至於我們今天如何看待以智的「東西均」思想，以及科技哲
學， 以相應於我們今天的東西交通世界， 就在序文中已略加討
論，望讀者以心度之。

---

❷ 見《東西均》〈開章〉首篇。

第五章　方以智《炮莊》中的「藥地」
——儒道思想以及通釋

一、《藥地炮莊》成書的歷史環境

　　《藥地炮莊》是方以智晚年最重要的一部哲學著作，先此的《東西均》是以儒者的身份來說明「均的思想」，從文中和篇後〈象環寤記〉中都曾表示學術彼此救弊之見，但逃禪以後的《藥地炮莊》一書才更有系統的整理與討論，可說是他思想圓熟之時，何況《炮莊》一書以智係以和尚的身份藉各家的思想來詮釋莊子，並進而說明他「學術兼容」的主張呢！

　　那我們就來談談以智《炮莊》一書成書的歷史環境吧。以智於永曆七年癸巳（1653）自嶺外回桐城，受皖開府李中丞之議，禮天界覺浪道盛為師，自此閉關高座寺之竹關，覺浪示以《莊子提正》，並託以《莊子全評》，且再據李素娓之考證，以智撰作《炮莊》之思想已醞釀於此時，甚至《炮莊》〈齊物論〉終卷之時可能在永曆甲午（1654）冬季之前，自此直到永曆辛丑（1661）的初十年間，為以智撰述《炮莊》之時❶。所謂「奄忽十年，無可大師乃成《炮莊》」也❷。而在此後十年間（辛丑1661～辛亥1671），以智只另成《愚者智禪師語錄》四卷，而辛亥即自沉惶

恐灘殉節，可見《炮莊》在其哲學思想上的重要性，那他爲何會撰「兼三敎五宗而大炮之」❸的《炮莊》一書呢？

其實以智禮天界覺浪爲師的永曆七年，正是他屢辭永曆派任，又爲淸兵所執，爲示不屈乃逃禪之時，其時滿淸之統治已漸固，南明永曆恢復渺茫，以智同時之顧亭林卽有「可以亡國，不可以亡天下」之文化化淸爲漢以昭明的呼籲，以智身爲一思想型知識份子，感明亡於黨爭及思想之傾軋，前此之《東西均》一書，均平各流思想，無論中外古今之迹已顯，而明淸之際各敎溝通之風甚盛，然皆偏執，以智感學術救世，「此時弘道在集大成，非精差別」❹，遂「《炮莊》製藥，列諸症變，使人參省而自適其當焉。」❺的「援莊入儒」「並歸於易」的《炮莊》一書，可以說是自《易‧繫辭》「天下一致而百慮，殊途而同歸」後，又一大整合的努力，惜其文僻典甚多，殉節後淸廷又隱晦其學，終淸之世，考據學興，而經世之學，無論自然與人文皆廢，以智遂從其父言明淸之際爲邵雍六合運世論之「適逢正午，萬法咸章」之時❻，思「坐集千古之大智，折中其間」❼，無奈其學歷三百年而不興，令人浩歎‼

---

❶　李素娟在其〈方以智《藥地炮莊》中的儒道思想研究〉臺大中文所碩士論文頁四五～五三有詳細的考證，其考《莊子提正》與《莊子全評》爲二書，則見該書頁六三之註十一。

❷　見《天界覺浪盛禪師全錄》卷三〇，總頁五七九二四。

❸　見《藥地炮莊‧炮莊發凡》頁二。

❹　《藥地炮莊》頁六。

❺　《藥地炮莊》頁二。

❻　方孔炤，《周易時論合編‧凡例》。

❼　《浮山文集前編》卷五，頁一上，〈考古通論〉。

二、《炮莊》中的藥地思想——儒家篇

《炮莊》雖然是炮諸家於一爐，但卻以儒家為依歸，所以施愚山（卽施閏章）曾說：「夫藥翁非僧也，……，其於儒言儒行無須臾忘也。」❽，所以他的解莊是在會通以援莊入儒，闡明其師覺浪杖人之語：「莊子以內聖外王之道為主，而具經濟天人之全機大用，內七篇始逍遙終應帝王，蓋妙于移神化自然之旨，而歸于堯舜孔顏者也。」，所以我先闡明《炮莊》中儒家思想體系的建立，下一節再談他如何援引道家思想以求兼濟。

儒家思想首先是要求每一個個人的建立，再安頓個人在羣體中的關係以求和諧，所以以智的思想體系中首先標出「獨」：

> 此獨也，此無己而生所不己者也，此先天地而生，後天地而不死，嘗在乾坤之外，而遊水火之中者也。❾
>
> 天下為公，其幾在獨，獨也者，貫先後天而冒乎宙合者也，彌下綸上，旁費中隱……。❿

每一個個體人的存在，來自於天，但存在後，是由個體來體現宇宙的存在，在其生命對外在的體驗中（旁費）來發現他內中所秉的價值（中隱），如果每一個人在水火之中都能悠遊，彌下綸上，這個人所存在的宇宙才能建立，所以每一個個體是貫先後

---

❽ 轉引自李素妮著書頁五〈前言〉。

❾ 《藥地炮莊》（廣文本）頁一三〇。

❿ 同上頁一二九。

天而冒乎宙合者也；卽使個體生命不在，他一生的努力也可薪火
相傳，不爲時間所限（宙合），這是以智對每一個體人價値的肯
定而建立，所以他又引石谿語，要求人人「從自己立個太極，生
生化化去也。」⓫，這是說無論在自然秩序與人文秩序上都必須
盡人極以完成天極，這樣就是立人極，乃至立太極。而「獨」這
樣做就是落實於人的「誠」，也就是「惟天下至誠爲能化」⓬。

這一套理論是他尊重並要求每一個個體的建立，體會個體生
命是「生生⇄長生⇄無生」的有限但一貫存在乃至無限之理，所
以他又說：

> 易曰：鼓之舞以盡神，因生生而傳長生之指以爲鼓，因長
> 生而傳無生之指以爲舞，乃盡其生生之神。⓭

由此自然引到個體生命與羣體生命之關係，他在《東西均》
各篇中有很多「公心」「獨心」「公性」「獨性」的討論，如：

> 槪以質言，有公心，有獨心；有公性，有獨性。獨心則人
> 身之兼形神者，公心則先天之心而寓於獨心者也，公性則
> 無始之性，獨性則水火草木與人物各得之性也。⓮

這裏他肯定公心寓於獨心，甚至他還肯定公性和於獨性：

⓫　同上頁一六〇。

⓬　同上頁一五七。

⓭　同上頁一三九。

⓮　《東西均・釋諸名篇》頁七九。

「質論人之獨性，原是無所不學，則無所不能之性，而公性卽和在其中。」⑮

　　總而言之，沒有了個人，就沒有了羣體，所以他曾說：擊壤老人談詩曰：「身在天地後，心在天地先，天地自我出，其餘何足言？」⑯「見全則見古今之大獨矣！」⑰

　　天地是包括一切自然秩序與人文秩序的，個人不僅在人羣之中，也在自然之中，人是在他人之中，自然之中來肯定自己的，這種對待性他稱之爲相待與絕待，絕待的本質卽在事事物物的相待中，或「一在二中」「用二卽一」「知一用二」，他說：「物物幾幾皆是相待，卽是絕待」⑱。肯定對待是「皆本然卽皆當然」⑲之理，但又貫通對待，一切大小，虛實，彼此，長短之像皆可如是觀，他在《東西均・擴信篇》中已說過「小中見大，大中見小，虛中見實，實中見虛，長中見短，短中見長，此中見彼，彼中見此，本無大小，不須善巧，本無虛實，不自眞一………」。而在解《莊子・逍遙遊篇》也說：「正語曰：篇首兩端表法，而圓中、正中、時中，可悟矣！似乎舉大化小，實是本無大小，而大小實宜各適也。」⑳

　　事物有其共通性，但共通性是在事物特殊性之對待中而顯露的，沒有了事物各自的特殊性，也就沒有了共通性，所有事物都

---

⑮　同上〈道藝篇〉頁八五。

⑯　《藥地炮莊》頁四一五。

⑰　《藥地炮莊》頁一三七。

⑱　同上頁二四〇。

⑲　同上頁一二五。

⑳　同上頁一五八。

有其存在的本質與意義，人不宜因己之所見所知廢所不見所不知，也就是絕待原在相待之中才現得完全，本然卽當然：

> 然且不能，則何如各樂其天地四時之本業而聽之，必欲以鴻荒之本狀，罪中古之當狀，以冬春之當狀，罪夏秋之本狀，……豈不悖哉，……卽器是道。㉑

這一來自然「道一物也，物一道也。」㉒卽兼自然與人文來談，人在人羣中，也在自然中，由對待而知己的存在，由己而知人羣，自然的存在，這旣是外在知識上的認識，但也賴於內在生命的體悟，沒有什麼存在先於本質，也沒有什麼本質先於存在，都是在對待中現出絕待，只是重點在人心就是了。所以以智引其師杖人說：「此正明我見本空，以對物有我，物不自物，由我而物，如我不取，物亦無有。」㉓，而這也是以智人文倫理，生態倫理，乃至知識論之所出，那我就從他的「心、性、情」之論談談吧。

前面說過，以智貫通了公與獨，相待與絕待，但他特別強調「獨」，甚至把「全」也視爲「大獨」，也就是他特別強調每一個個體的意義與價值，主觀我心的認可與發展非常重要，特別我心因爲我是一個人。

先看他如何談性，他是喜歡借他的文字訓詁來說義理的：「『心』『生』曰性；草木出生曰『生』，物之始得於天者，天

㉑　同上頁一二六。

㉒　同上頁一三四，類似的話，也見《東西均・開章篇》頁一：「道亦物也，物亦道也」。

命之矣。」❷，這是強調性是天賦的，既是天賦，萬物就有其共通之「公性」，所以他說：「有公性，有獨性……，公性則無始之性，獨性則水火草木與人各得之性。」❷這裏他認爲性是草木水火與人所都有的，性佈於萬物，不過有共通的公性與個別的獨性就是了。

　　既然萬物各有獨性，又共有公性，所以人與萬物是一體的，這種公性就是至善，而至善之公性是要順而不可拂，是要盡而不可賊，以智引其外祖吳觀我之語如是說：

> 吾謂生而善者性，彼亦謂生而惡者性，惟原其初之無我，然後知善之爲順性，惡之爲拂性也，而性善之說伸矣。吾謂習于惡非性，彼亦謂習于善非性，惟要其歸于無我，然後知至善之盡性，窮惡之爲賊性也，而爲善之說伸矣。深幾極之，無我者，無始之性，至善之體相也。❷

　　公性是一至善的本體，獨性是至善本體落實於萬物，也就是萬物因形之異，所容受之性，但不談其善惡。不過萬物雖都有性，在以智看來，只有人才有心，是至善本體寄宅於人的，但人卻要虛心，不可忘了萬物本一體的至善本體。所以他說：

> 天地之虛彙籥於人之虛，名其虛曰心。❷

---

❷　《東西均・釋諸名篇》頁七七。

❷　同❹。

❷　《藥地炮莊》頁九七。

❷　《東西均・釋諸名篇》頁七六。

　　他並釋「虛」爲「墟」，墟集本是安頓人的地方，所以心是
安頓公性的地方，近如集會必有廣場，廣場是虛，卻是聚集衆人
之所，心受公性，正如六官受君，所以他說：「性者，君也，心
者六官也」，心是受性，安頓性之處，正如六官是受君而安頓君
之處，六官不得安頓，君不成其爲君，這也就是人要安心的道
理。

　　不過心也是有公心，獨心的，公心通乎天地，是至善無私之
心，獨心旣兼形神，則難負有形氣之私，所以他說：「槪以質
言，有公心，有獨心；……獨心則人身之兼形神者，公心則先天
之心而寓於獨心者也。」❷❼ 旣然公心寓於獨心，所以人不可「不
知有公心」❷❽。對人始有心，有己但必須通乎公心這一理論脈
絡，他是如是說的：

> 有天地後有人，人始有心，而未有天地先有此心；心大於
> 天地，一切因心生者，謂此所以然者也。謂之心者，公心
> 也。人與天地萬物俱在此公心中。❷❾

　　這裏旣賦人以尊貴的地位，由人來認識天地，但人之所以能
認識天地，是因爲人與萬物俱在公心中，俱具有公性，但人並不
是萬物的權衡，人並不主宰萬物，而只是與萬物爲一體，人只能
盡性以知天，以改善人之處境，並與萬物自然求取和諧，這就旣
交待人人知識之所由，又有生態倫理之所出了。

---

❷❼　同❶❹。

❷❽　同❷❻。

❷❾　《東西均‧象數篇》頁九九。

　　獨心中的公心是人人須發揚的，可卽心以言理，但獨心中有形氣之私，所以人心唯危，道心唯微，所以他提出如是的呼籲：

> 微哉危哉，道心卽人心也。惟其危，所以微。❸⓪
>
> 知人心之絕非道心也，而道心在其中，舍危無微，惟精乃一，表道心以用人心。❸①

　　談過了心，性，再來談他對「情」的看法，事實上「青」「心」乃「情」，仿以智借訓詁訓義理的方法，情是是人成長中習得者，故從「青」，既是人生所習，所以以智曾如是說善惡，並未如他人之說性善，情惡：

> 善中有惡，惡中有善，然人生卽偏後半矣，故聖人以前半救之，人能逆溯前半，則後半亦化矣。❸②
>
> 人生以後，無善惡在有善惡中，善在惡中，體在用中，遂有善中之善，善中之惡，惡中之善，惡中之惡，從此萬析，難可覼縷。❸③

　　所以情是人生習得的，可以說「性在情習中，下地之時，善在惡中，理在欲中，……當知素在彩先，而有彩之後，素亦在彩中矣。故曰第一念是善，第二是惡；仁一而甲坼之芽卽二。」❸④

---

❸⓪　同上〈生死格篇〉頁五七。

❸①　同上〈盡心篇〉頁三二。

❸②　同上〈公符篇〉頁四六。

❸③　同上〈顚倒篇〉頁五二。

❸④　同上〈公符篇〉頁四五。

這是以色彩與雙子葉植物發芽來喻性在情中，至善在善，惡中。
總而言之，情是人生後的旁通，必須節情，利貞以得真性情，
「情不可滅，亦不可任。……必節之以享其中和。」❸，情是要
節要調適的，所以他如是說：

> 乾曰旁通情也，利貞者性情也，觀其咸、恒、萃，而天地
> 萬物之情可見矣！原不說壞情字，只以中其本然之節而節
> 之，以天地正大之情，節萬物之情，此聖人之情，見乎調
> 矣。❸

萬物都有情，無論人情，物情應先求瞭解之本然，而順其節
而節之，既不任，也不滅，這樣的調適才可至和諧，所以人對萬
物，對己對人都要「性其情」，而不要「情其性」，這大概也就
是「性情」一語中，性在情先的道理吧！也就是衆人皆可成聖人
之因由，以智如是說：「聖人性其情，衆人情其性，不性其情，
安能久行其正。」❸

所以惡非絕對必然的現象，惡既不必然，則情之惡亦不必
然，只是情中之性於表達之時，失之於過與不及而已，這就是情
為什麼要習要學了，而這也就是修養功夫了。

他認為節情的方法乃立仁義：

> 情不可縱，亦不可滅，是權衡者，混沌天地之神髓也，聖

> 人貫萬古而表其公平，立仁與義，正所以宰其陰陽剛柔而
> 天弗違者也，萬物一體仁也，各得其宜義也，塞天塞地本
> 仁義矣……。**❸⑧**
> 惟靜者見物之情，而無情者知事之要，據其要而中其情，
> 智術之所從出也，仁義生於恩，恩生于人情，聖人節情而
> 不遣也。**❸⑨**

　　人心要虛靜客觀（無情）才能見事之要而中其情，這是知識
之所由來，但全若無情，不知萬物本一體，則不能裁物得宜，卽
不合乎人情，而萬物一體，各得其宜就是仁與義，也就是智慧，
而智慧是「仁智交圓」的。朱子卽曾說過：「慈愛底人少斷判，
斷判之人多殘忍，蓋仁多便遮了那義，義多便遮了那仁。」**❹⓪**。
以現代話來說便是「感性的表達與理性的表現交融而成智慧」，
這話以智是這樣說的：「不昧同體之仁，以善用差別之智，是謂
仁智交圓，卽是轉識成智。」**❹①**。

　　而釋仁與義，在《藥地炮莊》與《東西均》中均屢見，如：
「萬物一體，貴體仁也。」**❹②**

> 以其理裁而宜之曰義，「義」者，「我」也，儀戟也。古
> 「義」、「我」、「俄」通聲；從「戈」，取其裁斷有金

---

❸⑧　同上頁四二八。
❸⑨　同**❸⑦**。
❹⓪　《朱子語類》卷三，頁九一。
❹①　《藥地炮莊》頁二七七。
❹②　同上頁三一三。

剛之勇也。⑬

　　事實上，「義」乃「我」之「祥」者，故從「羊」，「戈矛」
明斷也需得宜，而人爲之事，多爲禮「儀」，不過需重禮意，不
必過重禮文，因禮文在變遷中多有僵化者，而禮就是倫理，倫類
而合理合情，無論自然物情，無論人文人情都如是，所以又引劉
因唯諾說：

　　　　古今時變，事物倫理，聖人何嘗加損于其間哉？惟盡夫心
　　而聲律身度矣！⑭
　　　　夫婦特堯舜之總名耳，鳶魚特天地之總名耳。⑮
　　　　老子言禮與儀爲類，孔子之禮，不與儀類。⑯

　　這在他解莊中常說，如「莊子跳出方外，爲孔子寫出禮心。」
⑰他是這樣來釋莊子的曠達，而援莊入儒的，因爲禮心，禮意遠
比禮文、禮儀要重要。
　　當然修養並非一蹴可幾，而是在存心與行動的辯證中存養
的，以宋明理學的名辭而言，卽是未發之中與已發之和，以智認
爲是承貫而相互爲證的，他對中的贅說，如圓中、正中、時中之
別，甚至在談《莊子·養生主篇》時引三一公之語，說：

　　　　中之名，因過不及而立，中之用，不以過不及而限也。故

⑬　《東西均·釋諸名篇》頁七七。
⑭　《藥地炮莊》頁二七九。
⑮　同上頁一八九。
⑯　同上頁三八三。

有圓中、正中、時中之說焉，以緣督為用中，則時中，即正中，即圓中也，中節之和，即未發之中，豈有兩截三中之贅耶？ ❹⓼

這一來無論處靜，無論敬動，只要不空談，能適時，只要從容致曲， 即使不達全然適中的理想亦無妨， 這樣的不自欺而遣放，才是真逍遙處，他是如是說的：

> 主靜或撓於勢，主敬或泥于貌，惟至誠無成位，無定時，無繁簡，無拘放，中庸所謂致曲，與從容一也。❹⓽
> 中庸不可能也，適得而幾，其實證之，不自欺而遣放，是真逍遙處。⓾⓪

在修養中， 下學而上達， 由實至虛， 始於慎獨之實學， 無論對待自然與人文皆是， 這也就是《大學》八條目之始於格物致知， 以智是如是說的： 「慎獨未發以炮其實， 格物中節以炮其虛。」⓾①

事實上格物致知無論是朱子的「以極事物之變，自然意誠心正而可以應天下之務。」⓾②，或是陽明的「致惡心之良知者，致知也。事事物物皆得其理者，格物也。」⓾③，皆在以獨心體公心，

❹⓻　同上頁三八〇。
❹⓼　同上頁二五〇。
❹⓽　同上頁三八〇。
⓾⓪　同上頁一九一。
⓾①　同上頁一五〇。
⓾②　《鵝湖講學會編・四賢本傳》。
⓾③　《陽明全書》卷二，頁四。

以獨性通公性，這是知識之所以可能，也是道德之所以可能，只是心理、物理配合之道有所參差而已，由特殊性而會共通性之途是共通的，無論個人修養，人羣窆理，天地物理，都是此一離合而言之的心天就是了。所以他說：

> 三知者，格天人、格內外、格古今、格邪正之總關也。……
> 窆理、物理、至理、公性、獨性、習性，姑離合而言之，
> 乃可決耳，心天無內外。❺❹
> 下學上達，是謂公心之太宗。❺❺

所以物理人情，日用人倫端在心之向學，這無論從事何業皆如是，以智說：

> 習氣不可盡而可化，故以學問為茶飯，若以差別之，有必不免之習氣，飢必食，寒必衣，倦必眠之類，節之而已。有必當化之習氣，驕妬鄙倍之類是也。……上根大人超一切法之外，而遊一切法之中，正用時宜，彼不喚做習氣，樵夫十字街何問中書堂事，且去担柴得不誤耳。❺❻

甚至好學可以不致於一專用（庸而不中），也不致於博而無所用之途（中而不庸），蓋學中可至兩途，更可致中庸，他如是說：

---

❺❹ 《藥地炮莊》頁三四〇。
❺❺ 《東西均‧釋諸名篇》頁七九。
❺❻ 《愚者智禪師語錄》卷三，頁三～四。

愚不肖庸而不中，嗜欲而已；賢智中而不庸，意見而已。
兩皆不合中庸之道，皆不足壞中庸之道。何也？使嗜欲則
不敢立意見，立意見則不敢縱嗜欲，以有忌憚也。惟以意
見縱嗜欲，則無忌憚之小人，最善匿形，惟時中者乃能決
破之。然則如何？以天下萬世為心，毋自欺而好學，則在
藥病中風吹不著矣！ ❺⑦

　　如果人人好學，由格物致知中完成未發已發的存養，由愼獨
存養通人情窪理，天地物理，或都體公心，明公性，這一來無論
自然秩序，人文秩序都可安頓，這是以智的理想，又何嘗不是每
一時代儒者的共同理想……‼

三、《炮莊》中的藥地思想──道家篇

　　方以智在《炮莊》中是援莊入儒，也是援儒解莊，最後求一
和諧的交濟，所以也談其書中的道家思想，而以智在釋門而言儒
說道，自有其三教溝通的觀點，則將於下節中言之。

　　道家思想有其宇宙觀照的層面，卽自然觀；也有其人生觀照
的層面，卽自得說，雖然其宇宙人生的觀照是相溝通的，但我仍
分談以智對道家自然觀和自得說的瞭解與詮釋，先談其自然觀。

　　談到自然觀，第一個要討論的是宇宙事物是怎麼來的？生命
是怎麼來的？而在我國各家大抵都認為自然是自生的，這大抵也
是受道家的影響，也是儒道等相溝通的所在，更是自然觀之所以

---

❺⑦　《東西均‧奇庸篇》頁六四。

稱爲自然觀的地方。旣然這樣，以智自然也倡自然自生說，否認
是由一種外在的超自然力創造的，只不過在我國木石皆有情，對
生命與非生命並沒有明顯的分際，因此只談物源，而未論生命物
源與非生命物源。 在物源上認爲物物自生， 莊子也是這樣的觀
點，如＜知北遊篇＞有謂「知形形之不形乎」，郭象注：「形自形
耳，形形者竟無物也。」，又注： 「造物無物，下知有物之自造
也。」❺❽，以智也在＜齊物論＞子游談及地籟、人籟、天籟時，
下引郭注說：「無旣無矣，則不能生有，有之未生，又不能爲生，
然則生生者誰哉？塊（然）而自生耳，（自）生（耳），非我生也，
我旣不能生物，物亦不能生我，則我自然矣！ 自己而然（則）謂
之天然，以天言之，所以明其自然非有爲也。」❺❾，以智在＜知
北遊篇＞更引郭注強調各物之始必爲「自己而然」，也就是「天
然」之理：「子孫言世世無極也。夫死者獨化而死耳，非生者生
此死也。生者亦獨化而生，死生無待，獨化而足，各自成體，誰
得先物者乎哉？吾以（陰陽）爲先物，而陰陽（者）所謂物耳。
誰也先陰陽者乎？吾以自然爲先之，而自然卽物之自爾耳。吾以
至道爲先之矣， 而至道者乃至無也。 旣以爲（無）矣， 又奚爲
先？然則先物者誰乎哉？而猶有物無已，明物之自然，非有使然
也。」❻⓿

因是以智認爲每一種生物，每一個個體都是「獨化而足， 各
自成體」的，也卽是一全然自足的生命，所以其＜逍遙遊總炮＞

❺❽ 見郭象《莊子南華眞經》頁四一五。
❺❾ 見《藥地炮莊》頁一九九。（ ）部分是方氏引文無而依郭象《莊
　　子南華眞經》補，可使文意較爲淸楚。
❻⓿ 《藥地炮莊》頁六六六。

說：「天下為公，其幾在獨，獨也者，貫先後天而冒乎宙合者也，彌下綸上，旁費中隱。」，類似的話還有「疑始無始，悟入還須悟出。」❸「自本自根，未有天地，自古以固存。將謂是有情有信，可得不可見之本來種性也。」❻

　　現存的生命是「獨化而足，各自成體」，為全然自足的生命是不錯的，但明明有的生物古時存在，現則不存，相反者也有。因此在科學上對生命源，乃至物源的交待，以智很難明圓其說，不過這種源頭有的直至今天科學也不明就是了。再者在這世界上，明明事事物物相互影響，又怎能「獨化而足」呢？因此我們除了瞭解以智反對西方的神學思想外，更要瞭解自然觀的另兩個層面，即物存在的變化，除了個體生死相繼以繁衍族羣外，還是什麼？即如何變化？以及在現今的自然世界上，物物如何相待的問題，因為如何觀照自然也就是自然觀的一層面。

　　在物物相化上，莊子是極為開放的，如鯤鵬之化，乃至朝菌、蟪蛄等物性之觀察，一者極入微，二者變化，演化，互化觀的思想十分濃厚，以之為中國生物學思想的啟蒙者也不為過，從這個角度上注《莊子》的可見成玄英疏，而以智在《物理小識》一書中雖也研究動植礦潛，但卻沒有注意到這些方面，以致忽略了演化論及育種學的方面，如有學者注意及李時珍《本草綱目》的分類方法，《莊子‧成玄英疏》的生物學精神，或許中國生物學在思想方面打出另一境界也說不定，現在可說的特色就是中國生命與非生命的分際不嚴格要求，這與西方生物學所有地球生命都是雙螺旋的基因結構是很不同的，這個特色在生物學的思想方面有何意義猶待我們後人探究。

　　對《莊子》中一大堆生物現象的寓言，以智的態度是由全然

自足的「獨」進而「無待藏待」，即名盡性以致和諧，這符合道
家的傳統，也符合儒家「相育而不相悖」的精神，要求「因任萬
物而自然」。

　　所以在＜逍遙遊總炮＞中，如是說：

　　　鯤鵬蜩鳩，犛牛偃鼠，鶺鴒蟪蛄，大椿瓠樗，冰雪河漢，
　　　晦朔春秋，皆在蒼蒼中，動者動，植者植，忽而怒，忽而
　　　笑，代錯無窮，培風乘雲，從天視下豈不怪哉。因而告之
　　　曰：此獨也，此無己而無所不己者也，此先天地而生，後
　　　天地而不餐，嘗在乾坤之外，而遊水火之中者也。

　　以智如是以「獨化而足，代錯無窮」帶過了宇宙自然的生化，
所以以智自然觀的重點還是在「萬物如何相待」上。在＜逍遙遊＞
中他也引郭注云：「物各有性，性各有極，是故統大小者，無小
大者也。」，即由獨化而足，物物各有其自足的生命，進而至無
小大，因任萬物，則無待即是相待，當然這樣一來，息並不是無
待，反而遊才是無待，即「人知遊於無者爲無待，而不知遊於有
者爲眞無待，乘物以遊心者，無無者也，有即是無。」❻❸，所以
「萬物皆備於我，此不落有無之眞無已也。」❻❹，所以逍遙即是
盡性❻❺，盡己之性以至盡人之性，乃至盡物之性，這一來以智又

---

❻❶　同上頁四二〇。
❻❷　同上頁三六二。
❻❸　同上頁一七四～五。
❻❹　同上頁一七四。
❻❺　同上頁一五六引楊升菴語。

走回儒家了，儒道互通，又是一見。也就是如果物物「隨分自盡」，卽是「聖人中道」⑯。

以智這一套「尊重萬物，卽是尊重自己，讓萬物盡性全年，卽是人之盡性自足」的「因物付物」是很符合現代的生態倫理觀的，而這也就是他在＜逍遙遊總炮＞結論中所以說「不昧同體之仁，善用差別之智，一理而互化也」的道理。也是他在釋解＜逍遙遊篇＞時要引蘇東坡的「遊於物之內，而不遊於物之外」的理由。

以智既有如是的「宇宙觀照」自然觀，其人生觀照上自然就是「自得說」了。據李素娓的分析，其自得說可分爲「性足的自得」，卽個體內在本質得到充實後的自得，第二層爲「因任的自得」，卽瞭解萬物而因任萬物後，個人所享有的自得之感，但瞭解萬物並非汲汲苦苦，皓首窮理，必須知限，享受第三層的「無心無知的自得」。

所以我們很容易知道其人生的自得說完全是相承其自然的觀照的，且略一一言之。

性足的自得卽無待的自得，蓋有區分則易起爭執，如果萬物各足於自身所秉賦的本性，便可由己性的圓足進而享受自得之樂。這是郭象注之見，與《莊子》原先突破自身存在的有限性，與化生者爲體的逍遙有別，反而是承認人生存的局限性，擬在此局限中，泯除對待，化解大小等相對的差異，就自己內在的本質生命中去充實的自得。以智贊同郭象之說，所以在＜逍遙遊篇＞引郭注說：「大小雖殊，而放於自得之場，則物任其性，事稱其能，各當其分逍遙一也。」⑰，而由以智探郭注，也不難看出郭

⑯ 同上頁一九二。
⑰ 同上頁一五五。

象思想與儒家思想相合的部分，這實也是以智探郭氏之說，以與他的儒家思想相配合的原因之一。❻❽

　　以智的本無大小論既是客觀的認知，又加上主觀的肯定，所以以智是強調「為」的功夫的，所以才要求「盡性知分」，而這也是他「無待卽相待」觀念之所在。

　　再說「因任的自得」。這是由外物的肯定，進而內在己心得享的自得，是由外向我的推論，在人與物之間，是彼此因任，以求「自得之適」，而不可過情致傷，以智曾借郭注秋水篇「服牛乘馬」云：「人能不服牛乘馬乎？服牛乘馬可不穿絡之乎？牛馬不辭穿絡者，天命之固當也。當乎天命，則雖寄之人事而本乎天也。走作過分，驅步失節，則天理滅矣！不因其自為而故為之者，命安在乎？所得有常分，殉名則過也。反其眞，為眞在性分也。」❻❾，所以以智是容許適情適分的人為的，這自然又是儒家意識的湧現了，郭象亦然。也就是《莊子》本身比較「與萬物為一體」，所以反對服牛乘馬，郭象與以智比較「萬物皆備於我」，所以主張適情適分的服牛乘馬，卽以善用萬物為天命，惡役萬物則滅理的原則對待萬物，這樣才能獲取「因任的自得」，因為這一來，「無為」與「為」均可因任自得了。

　　古代服牛乘馬是必須知牛馬之性才能適情適分的，今天很多人一天到晚乘車乘飛機，卻不知汽車與飛機之性，一味求速求便，結果不但不速不便，還破壞了環境與生態，這就是放任，而不是因任了，觀乎先賢之論，能不警惕乎?!

　　三談「無心無知的自得」，這是最高境界的自得，一味求知，

---

❻❽　李素娓〈方以智《藥地炮莊》中的儒道思想研究〉頁一七八。
❻❾　《藥地炮莊》頁五七六。

戕天役物，是反而會使心形皆爲物所役，不但不能自得，反而會喪失自己，所以以智在這層以上是特別強調無爲的，他引〈大宗師〉郭注說：「聖人遊外以弘內，無心以順有，故雖終日釋形而神氣無變，俯仰萬機而淡然自若。」⓻，又引〈齊物論〉郭注說：「無心而不住故曰神，寄物而行，非我動也，故曰乘雲氣，有晝夜……，夫惟無其知而任天下之自爲，故馳萬物而不窮。」⓽

所以以智的無心無知的自得說與他本人的知識主義立場並不衝突，因他所說的無心無知是以守常心及好學求知爲基礎的，也就是王雱的「無爲出於有爲，而無爲之至則入神矣」⓼的說法。即方氏雖肯定無爲，但亦不忽略「爲」的功夫，故可說「無知出於有知」，無知只是一種趨向理想的境界，是可達的，無心也是。所以我們若說莊子思想重在無意識的自然而然，儒家思想強調有意識的用功夫，而以智則是欲融合此二種思想，以儒家有意識的「爲」及運用思考的爲的功夫，上達至道家無爲、無心、無知而天下治的最高理想。因此就以智的道家思想而言，可以說是一種意象與目的上的憧憬與趨向，功夫方面仍採用儒家的思想⓽。

所以他雖然非常同意郭象之注《莊子》，但也不少批評：如說：「莊以無是非處齊是非，看世人作胡孫，已作弄胡孫人，亦大倨侮矣。兩行卽通一。郭云任天下是非爲兩行者，錯。無朕之宰，卽無物之物也。各當其分，卽公是也。」⓾

⓻　同上頁三八一。

⓽　同上頁二三二～二三三。

⓼　見王雱《莊子解》卷一〈逍遙遊〉。

⓽　本段大意全採李素娓論文頁一八七～一八八的意見。

⓾　《藥地炮莊》頁二一七。

他批評郭注的「任天下是非」為兩行通一的訛誤在落於「無宰」「無物」的無準與虛無，故他標出「各當其分」的「公是」，他所立的公是也就是「盡己之誠」，在談其儒家思想時已論及，這種「公是」的提出，我們也可看出他的道家思想是以儒家思想為根基發展成的❼❺。

甚至他的知識主義也重視感官知覺的重要，所以又批評＜德充符＞中郭象解「官天地、府萬物，直寓六骸，象耳目」之說：「郭云：官天地府萬物，冥然無不體也。集曰：錯。寓六骸，象耳目。郭云：所謂逆旅，非真耳目。錯。前不知耳目之所宜，何以此云象耳目？耳目兩字不放過，寓非蘧廬，去來自如也。」❼❻

這裏「耳目兩字不放過」卽強調感官知覺的重要，人對待自然必須耳目盡職，所以人應當「自盡其實」，以適情適分。

以智也順著儒家的思路，以心與知為一路，因此批評郭象以心與知為二之誤。他說：「知卽心，心卽常心。常心者不與物遷者也。常季只知常為常，而不知天地之墜，死生之變，而此心未始之常也。」❼❼ 以智的「知卽心，心卽常心」，說明常心不隨物轉，能守住中道，以此常心去應天下之萬變，則能應萬變而守常道，不致心隨物轉，喪其本心❼❽。

所以以智實非有些人所謂之唯物論者，因如以嚴復（1853～1912）對唯物論之解：「唯物派謂此心之動，皆物之變，故物盡

❼❺　李素娟論文頁一八九。
❼❻　《藥地炮莊》頁三一一。
❼❼　同上頁三一〇。
❼❽　李素娟論文頁一九〇。
❼❾　見嚴復《莊子評》。

則心盡。」❼，這是以心無定常，隨物而動的，而以智卻是認爲
「此心未始不常」的，因爲心有常才能知物之序，由人、物之序
之變只是人度物之方有變，但序雖變仍是有序，這也可映出人心
之有常。

四、方以智的三教溝通見解

最後一談以智身在釋門的三教溝通見解，這是他那時代的熱
門話題之一，不過自那時到今天，三教仍各自發展而與西學相對
照，此亦趣事，惟與西學相映下之發展則儒、道之發展吾頗爲
憂，以智睹今之況，亦必憂也，蓋正如施閏章所言：「無可大師，
儒者也。」❽，蓋言其爲僧而實儒，若生今日，又怎能不憂儒學
儒家今日之境乎！

方以智的三教溝通由其「只能成佛，不能度生，是拙于用大
也。吾杖人嘗云爲善知識。妄想方大，菩薩留惑，佛不捨五濁，
安能免哉！」「有以樂天與發憤爲兩截者，豈知眞逍遙者乎。」
❾，已可具見。

方以智的所以溝通三教有其生命過程的實踐，也有其理論思
想上的提攜。其父、祖言儒，其外祖喜釋，而其幼時又喜莊子之
曠達與逍遙，如〈象環寱記〉中曾假繼老人之口說：「汝卯時，
汝祖督汝小學，汝曰：『曠達行吾曲謹』，吾呼汝彌陀，汝曰：
『逍遙是吾樂國』，全以莊子爲護身符。」，甚至直到中年，其
狂歌達旦，祖禰裸裎之通脫猶爲人所病❿，但又發憤讀書，事明

❽　見《愚山先生學餘文集》卷九，〈無可大師六十序〉。
❾　《藥地炮莊》頁一八九～一九〇。
❿　見王夫之《搔首問》頁八。

以忠，事親以孝，後逢崇禎南明之變，覺政事之不可爲，又擔心老父隱於桐城恐受連累，不受永曆之詔，清兵至又絕不降異族，半生流離，又感釋氏之生死之教，遂出家爲僧，後在釋而言儒說道，固有其家學淵源，與其師覺浪道盛的提正，其個人生命之歷程亦有以致之也。

在思想方面，明中葉後三教皆有滯虛無之弊，後都以有救無，釋有淨土之興，儒也有經世務實之求，道則化入民間宗教，三教都在崇實，而以智更是溝通三教以重建儒學，其認爲佛教教義並不忽略人倫政事，曾說：

> 或曰佛於人倫政事何略也？曰天竺外明爲治世、資生、象數、聲明之學；內明則身心性命之理也。憫人世貪欲爲生死，故說離欲出苦之藥。法華曰：是法住法位，世間相常住，原不壞倫倫物物也。內外本合，有時分言，以專而後通耳。❽

而莊子以虛無自然爲宗，一般人認爲必掃倫物，反知識，以智不以爲然，他說：「莊子者，亦以中庸有物有則之事，人所敦稱，而無聲無臭之神，人所未窮，蓋倫言內明者也。」❽，「莊子實尊六經，而悲一曲衆技，不見天地之絕，古人之大體，故以無端崖之言言之，其意豈不在化迹哉？」❽

甚至在知識上，在思想上，以智還想會通當時之西方天主

---

❽ 《東西均・總論中》，頁一○上。
❽ 《藥地炮莊・總論中》，頁一○上。
❽ 《東西均・神迹篇》。

教：「……所謂靜天，以定算而名。所謂大造之主，則於穆不已
之天乎？彼詳于質測，而不善言通幾，往往意以語閡，愚者斷之
如此。」[86]，甚至還以中西同緯度推舉西方：「中國處於赤道北
二十度起至四十度止，　日俱在南，　既不受其亢燥，　距日亦不甚
遠，　又復資其溫暖，　稟氣中和（以上是以智通西學後之地理知
識），所以車書禮樂，聖賢豪傑，　爲四裔宗。　若西方人所處北極
出地，與中國同緯度者，其人亦無不喜讀書、知曆理。」[87]

　　以智對儒釋道三教的態度，其好友施閏章說得最爲明白：
「無可大師，儒者也，……蓋其大父廷尉公湛深周易之學，父中
丞公繼之，與吳觀我太史上下羲文，討究析裏。師少聞而好之。
至是研求遂廢眠食，忘死生，以爲易理通乎佛氏，又通乎老莊。
每語人曰：教無所謂三也。一而三，三而一者也。譬之大宅然，
雖有堂與樓閣之區分，其實一宅也。門徑相殊而通相爲用者也。
……易曰同歸而殊塗，一致而百慮。殆謂此也。」[88]

　　以上是對三教，乃至天主教之態度，而對思想上，三教間的
一些問題，如有無問題，一多問題，入世、出世問題，以智的疏
通是這樣的：對有無問題是：

　　問有無紛然，何以一之？曰：有爲、無爲，有心、無心，
　　概舉耳。有物有則，無聲無臭，因相反而騰疑者也。……
　　說最惑人，　故決曰：體道于無，可以養神虛受；還事于
　　有，便知物則咸宜，火候自適于兩忘之無，所以調氣踐形

---

[86]　《物理小識》卷一，〈九重〉條。

[87]　《物理小識》卷一，〈天象原理〉條。

[88]　同[80]。

而泯性情也。實務藏用于法位之有，所以隨分安時而無思
慮也。⑧

對一多問題主張「貫一多」，以泯一多之爭：

> 一是多中之一，多是一中之多，一外無多，多外無一，此
> 乃真一貫者也。……若為一貫所礙，是為死一，非活一貫
> 也。⑨

對出世、入世問題的看法是：

> 出世者，泯也，入世者，存也。超越二者，統也。泯自掃
> 一切法以尊體，存自立一切法以前用，究竟執法身亦死佛
> 也。立處即真，現在為政，無親疏之體在有親疏之用中。
> 主理臣氣而天其心，乃正宗也。存，泯同時，舍存豈有泯
> 乎？⑨

　　方以智看待三教溝通的態度與思想理路簡如上述，我們看得
出來是很具特色的，自然這與其生命歷程有關。

⑧　《青原志略》卷三，〈仁樹樓別錄〉。
⑨　方以智，〈一貫問答〉，見侯外廬：《中國思想通史》第四卷下册，
　　頁一一八一所引。
⑨　《東西均・所以篇》。

第六章 方以智與王船山、宋應星的比較

　　方以智與王船山、宋應星同是明末清初時的大儒，三人在清季同遭壓抑，以智與船山同以思想名家，不過境遇前後古今有別，但同爲哲學思想大師則不容諱言，宋應星原以《天工開物》的傳述自民初聞於今日，近年發現其於科學思想，無論見諸佚失復得之《論氣》，或《天工開物》中之「宋子曰」，均甚可觀，而以智亦以科技名著《物理小識》聞名，且富於科學思想與科學方法，與兩人則或交往，或神馳，境遇亦各有差，遂特立專章分節論之，一者彰顯三人之氣節情交，二者亦可見當時中國思想與科技之氣運也！

一、方以智與王船山

(1) 兩人的交往

　　方以智於永曆元年（1647）辭閣臣之命，四月至武岡，而《寶慶府志》有云：「以智遂寓居新寧蓮潭庵，復移居武岡之洞口。……其居武岡時，與衡陽王夫之善。」❶ 可能方、王在永曆

---

❶　《寶慶府志》卷一三六耆舊傳遷客，頁一五上〈方以智傳〉。

元年四、五月間已有交往。

　　永曆二年冬，方以智離楚至桂林，永曆三年初隱居平樂縣平西村約二年，上十疏力辭東閣大學士之詔，時王夫之（卽王船山）正因瞿式耜之特章引薦，二次赴闕，就行人司行人之職，時王夫之期望方以智出來爲明朝做最後之奮鬭，以免辜負朝野之屬望，故永曆己丑三年秋曾有＜圓通菴初雨睡起聞朱兼五侍郎從平西謁桐城閣老歸病戲贈＞一首，詩中有「愁裏關山江北杳，尊前星漢粵天寒，某杅應盡中原略，莫遣蒼生屬望難。」語❷。

　　不久夫之亦因朝中起吳、楚黨爭，憤激求去，隱居湖南石船山，以智則於永曆四年底逃禪梧州雲蓋寺，輾轉至康熙二年主青原寺以終，這八年間，方、王未晤面，但卻是書信交往最密切的時期，王夫之對以智之均「∵」（讀作伊）哲學，「交、輪、幾」與「隨、泯、統」之東西均思想也有相當之接觸，如康熙六年、七年分有＜寄懷青原藥翁＞＜得青原詩＞各一首，詩云：

　　　「霜原寸草不留心，一線高秋入桂林，哭笑雙遮∵字眼，
　　宮商遞絕斷紋琴，情知死地非常夜，屢卜遊魂得返吟，唯
　　有尋思歸計好，黃金裝額怕春深。
　　　「青原題書寄南岳，經年霜雪中回還，夕陽秋雨各津涘，
　　鳥道別峯許躋攀，西臺江水流清泚，東林菡萏開遍蘠，春
　　鴻社燕皆旦夕，不礙幽憂長閉關。❸

---

❷　《王船山遺書全集》「中國船山學會版」〈五十自定稿〉頁一六下。
❸　前一首見《王船山遺書全集》〈五十自定稿〉頁二〇。後一首見頁
　　二一。

詩中夕陽、秋雨、西臺、東林等語亦可見以智頗勸夫之剃度逃禪，以示不事異族之舉，而夫之認為髮可從滿，思想為儒家開出傳統新局面即成，婉拒逃禪之請，而以智屢以招之，夫之亦屢加婉辭，如康熙十年有〈極丸老人書所示劉安禮詩垂寄，情見乎詞，愚一往吶吃，無以奉答，聊次其韻述懷〉一詩，云：

> 洪鑪滴水試烹煎，窮措生涯有火傳，哀雁頻分弦上怨，凍蜂長惜紙中天，知恩不淺難忘此，別調相看更輾然，舊識五湖霜月好，寒梅春在野塘邊。❹

後康熙十六年，以智逝世已六年，以智侍者余兼尊往訪夫之，夫之賦詩一首，除「閒愁杜口從君語，為受青原記蓺深」外，尚有「沙上鴻蹤昔歲心，蝶樓鶴語舊時林」語，拒禪態度仍未變，惟薙髮從滿一事夫之始終耿耿於懷，然仍堅持宏儒化清之念，心中矛盾，故詩中亦有「已知罷釣能忘餌，何必登床更碎琴」語。而夫之死前四年，年七十歲之《南窗漫記》仍記以智書招事，言「余終不能從，而不忍忘其繾綣」❺，可見夫之一生耿耿，屢懷以智之因由一也。而《寶慶府志》亦載：「（方以智）既為僧青原，以書招夫之甚勤，最後有時乎不再來之促。夫之復書云，不能披緇以行，寓意赫蹏，意難既白，而以智下世矣。」❻

夫之除推許以智之科學成就外，在思想學術方面亦只推許以智與他二人，故以智逝後，夫之有兩首情深之哀悼詩：

---

❹　《王船山遺書全集》〈薑齋六十自定詩稿〉頁一二下。

❺　《遺書全集》〈南窗漫記〉頁五上。

❻　同❶。

「長夜悠悠二十年，流螢死焰燭高天，春浮夢裏迷歸鶴，
敗葉雲中哭杜鵑。一線不留夕照影，孤虹應繞點蒼煙，何
人抱器歸張楚，餘有南華內七篇。

「三年懷袖尺書深，文水東流隔楚潯，半嶺斜陽雙雪鬢，
五湖煙水一霜林，遠遊留作他生賦，土室聊安後死心，恰
恐相逢難下口，靈旗不杳寄空因。❼

詩中「南華內七篇」語對以智《藥地炮莊》之哲學成就推崇
備至，而後來王夫之子敔注夫之《莊子解》多引該書，亦可見兩
人思想之相洽也。

(2) 兩人學術之異同

夫之自曾國藩 (1811～1872) 兄弟為刻遺書，譚嗣同 (1865～
1898) 復倡研其思想後，一躍而為清初三大儒之一，而以智詩文
學行政事冠當時，為人所景仰，後雖為清廷壓抑，民初至今為學
者所揚，亦躋身可為四大儒之列，兩人學問思想均為一代之選，
頗多相合處，但夫之苦守儒基，以智在釋言儒，除一生經歷有
所不同有以致之外，兩人思想之差異亦有以造成，今乃略言一
二。

首先兩人均重科技，崇知識。以智有其「質測，通幾」之科
學哲學，乃至《物理小識》之科學成就，思想走傳統類比感應的
學術路線，但知識論的哲學架構方面，夫之似乎較成體系，其
「因數以知象」「因象而窮理」❽之架構，以及對《孟子》知識

---

❼ 《遺書全集》〈六十自定詩稿〉，頁一三上〈聞極丸翁凶問不禁狂
哭痛定輒吟二章〉。

❽ 王船山，《張子正蒙注》頁一四、二五。

論之「大體、小體」有云:

> 孟子以耳目為小體何也？曰從其合者而言之，則異者，大
> 小也；同者，體也。從其分而言之，則本大而末小，合大
> 而分小之謂也。本攝乎末，分承乎合，故耳目之於心，非
> 截然有大小之殊。如其截然而小者有界，如其截然而大者
> 有畛，是一人而有二體，當其合而從本則名之心官，於其
> 分趨末則名之耳目之官。官有主輔，體無疆畔，是故心者
> 即目之內景，耳之內牖，貌之內鏡，言之內鑰也。合其所
> 分斯以謂之合，末之所會斯以謂之本。
>
> 合之則大，分之則小，在本固大，逐末則小。故耳目之
> 小，小以其官，而不小以其事。耳以聰而作謀，目以明而
> 作哲者，惟思與為體。思而得則小者大，不思而蔽則大者
> 小。❾

　　準此耳目也有思的功能，可見對觀察實驗等質測之學的重
視，但畢竟通幾類統為重，故有大小之別，但如是對觀察質測耳
目之功在思想知識論上推崇，我國三百年來的思想史上，也只有
以智，夫之兩人創其緒，惜至今仍未大張。夫之甚至還指出，苟
無耳目，心既不知聲，亦不辨色，焉能有思❿。這一來真把「物
有本末，事有終始，知所先後，則近道矣！」的意義發揮得淋漓
盡致！也輝映出「知識」與「道德」合一的「生命整體性」精
神，也強調了「具體世界」與「思想世界」的溝通。夫之實為我

---

❾　王船山《尚書引義‧洪範篇》。

❿　見前註〈畢命篇〉。

國近代知識論之巨擘，也難怪今人許冠三有《王船山之致知論》專書了。

自陽明「以心格物」始，不特晚明科學大放異彩，爲中國傳統型科技的興盛後期，在思想上復亦轉向經世，而社會也在科技等影響下進入平民社會，除顧亭林、黃宗羲外，船山、以智均崇科技、知識，而明清小說美學家和明清戲劇美學家也幾乎一致強調作家必須「入世」、「格物」、「身經目睹」，強調小說和戲劇必須眞實反映「人情物理」❶。在這樣的時代風潮影響下，夫之雖無實際的科學成就，但旣知識論有所輝燦，在中國古典美學上兩個總結性的形態之一，他認爲「審美意象」爲審美之中心，而詩歌審美意象的基本特質是「現量」，所謂「現量」，就是通過直接審美感興卽瞬間直覺把握、顯現眞實（「貌固有而言之不欺」「貌其本榮，如所存而顯之」）❷。由此「現量」一辭的提出，可見夫之受以智等人科技思想的影響，事實上另一美學總結形態的葉變也認爲藝術是客觀「理」、「事」、「情」的反映❸，一樣是「以心格物」而崇智尚眞的。

除以上所言外，方、王兩人學問上最大的不同點在於：王夫之是站在中國正宗儒學的立場而求深化求廣博，對於其他學問則較排斥，如認爲「古今之大害有三：老莊也、浮屠也、申韓也。」❹，但仍寫《莊子通》《莊子解》，以求消容，自己則始終以「責自備春秋」「六經自我開生面」爲己任，甚至稱西方耶穌會

---

❶　見葉朗著《中國美學的發端》（臺灣金楓版）頁一六。
❷　同前註頁一七。
❸　同前註。
❹　《王船山遺書全集》〈讀通鑑論〉卷十七，頁一七上。

士爲「西夷」「西洋夷」，不特反對其宗教，不接受地圓說[15]，並認爲西方科學除望遠鏡外，其餘都不足取，如有言：「西夷之可取者，唯遠近質測法一術，其他則皆剽襲中國之餘緒，而無通理之可守也。」[16]，這自然與他反滿的強烈民族主義有關，也可能影響及後來清代阮元等人的閉關自大思想。

　　至於方以智則站在一種集千古大智的立場，對於諸子百家及中西科學欲求兼容並包，認爲「今而後，儒之、釋之、老之，皆不任受也，皆不閡受也。」[17]，隨時以聖人，至人自居，以「坐集千古之智，折中會決」自勉[18]，稱呼西方傳教士則是西儒、西士，不過他仍是以儒學爲中心，以前幾章的分析業已言及，甚至逃禪後也是如此，故連今天的錢穆先生也說方以智「逃儒歸釋乃其跡非其心」[19]。不過在當時連他的次子中通也擔心他棄儒求佛，而曾有如是一番對話：

　　師誕日，侍子中通請上堂。中通問：「檜樹卽荊條，死路走成生路；祖關穿聖域，鐘聲敲出鐸聲。河圖五十五點恰應地戶天門，如何是參天立地處？」師云：「揮空一斧，幾人知恩？」進云：「半生先天，半生後天，未免打成兩橛。」師云：「直下火爐，是奉是背？」進云：「尼山、鷲嶺已同時，誰能不辜負去？」師云：「絕壁奔雷，莫耳聾麼？」進云：「冬煉三時傳舊

[15]　見《遺書全集》〈思問錄外篇〉頁一九下：「地之欹斜不齊，高下廣衍，無一定之形，審矣，而瑪竇如目擊而掌玩之，規兩儀爲一丸，何其陋也。」
[16]　同前註頁七上。
[17]　方以智《東西均・神迹篇》。
[18]　方以智《物理小識・自序》。
[19]　見余英時，《方以智晚節考・錢序》。

火，天留一磬擊新聲。」師云：「室內不知，兒孫努力。」禮拜退。乃云：「……我這裏堂內堂外，個個都似木鷄，事事還他無異。未經桶底，卻自忘機現前。松風石澗，擺脫厲色淫聲；碓觜茶鐺，陶盡凡情聖解，莫道美食，不中飽人。」❷⓿

　　文中「檜樹」「聖域」「鐸聲」「尼山」是指儒學；「荊條」「祖關」「鐘聲」「鷲嶺」是指佛學，師是愚者智禪師方以智。很顯然地，方中通認為父親既然在學術思想上開闢了一條嶄新的道路，即所謂「死路」已經被他走成「生路」，卻又要把佛學引入儒學中，藉鐘聲敲出鐸聲，那麼到底以何處為立足點？以智感歎我開闢儒學新局面的努力，有幾人知恩？中通又問，半生講儒，半生逃禪，如此豈不把自己截成兩半？以智說：我把儒釋都直下火爐去烹煮，豈有奉背之可言。中通又說：可是既同時兼涵儒釋，又豈能不導致別人誤解，而辜負你開闢儒學新局面的大恩？以智答道：我開闢儒學新局面的事實如此明顯，而仍會產生誤解，不正如耳聾者之不聞絕壁奔雷……❷⓵。最後以智期望兒孫努力，對己學之傳頗多擔心，後來以智之學除考據一項外，在滿清一代幾多不傳，中國走向閉關保守，傳統不承以智、船山，西學局面又斷，真是令人浩歎！

　　以智與夫之的學術異同就暫止於此。

----

❷⓿　方以智，《愚者智禪師語錄》卷一。
❷⓵　此段大意取自張永堂著《明末方氏學派研究初編——明末理學與科學關係試論》頁一五九～一六〇，不敢掠美，特誌於此。

二、方以智與宋應星

　　方以智與宋應星皆爲明代的科技名家，亦皆富科學思想，但
一者顯達於當時，風流倜儻，一者爲地方佐吏，偏處一隅，但方
以智宦遊兩京，交遊廣濶，年靑時雖有《物理小識》之巨著，於
富庶江南一代的各項科技卻未若敎諭有閒之宋應星觀察入微，寫
出圖文並茂的鉅著《天工開物》，此蓋有得者即有失者也。

　　以《物理小識》與《天工開物》兩書之體系脈絡言，《物理
小識》循着傳統列類列條式的脈絡，自天地始再論人事，而《天
工開物》的篇次，則自＜乃粒＞＜乃服＞＜彰施＞＜粹精＞＜作
鹹＞＜甘嗜＞＜陶埏＞＜冶鑄＞＜舟車＞＜錘鍛＞＜燔石＞＜膏
液＞＜殺靑＞＜五金＞＜佳兵＞＜丹靑＞＜麴蘖＞＜珠玉＞的十
八卷中，乃爲食衣住行育樂順序的探討，平民色彩與關懷民生自
不在話下。且暫不談天文曆律。

　　《物理小識》中的質測，通幾，別類，感應科學思想除見於
自序，總論外，每一篇與條目中都明顯見之，但《天工開物》一
書，一般人大都注目其科技的描述與難得的圖繪，而忽略了每一
篇開首簡短的「宋子曰」所著墨的科學思想。如第一卷＜乃粒＞
的「五穀不能自生，而生人生之，土脈歷時代而異，種性隨水土
而分」，就與「別同異」「重時變」的類學思想有關。又如＜乃
服篇＞的「天孫機杼，傳巧人間，從本質而見花，因繡濯而得
錦」；＜彰施篇＞的「霄漢之間，雲霞異色，閻浮之內，花葉殊
形，天垂象而聖人則之，以五彩彰施於五色」；＜粹精篇＞的
「杵臼之利，萬民以濟，蓋取諸小過爲此者，豈非人貌而天者

哉？」；〈舟車〉篇的「人羣分而物異產，來往貿遷，以成宇宙，若各居而老死，何藉有羣類哉？」……等等，都點到了「承天立人」「分物類，通人羣」的「類與羣」思想。

甚至《天工開物》一書雖所記大都爲工藝技術，但序文一開始就寫「天覆地載，物號數萬，而事亦因之。曲成而不遺，豈人力也哉。事物而旣萬矣，必待口授目成而後識之，其與幾何」，就明顯表示傳承了承天立地，盡人事以別類萬物的科技思想，旣推重人的觀察與創造，又承認人的有限性。事實上《天工開物》一書的書名就出自《尙書·皋陶謨》的「無曠庶官，天工人其代之」一語。

所以以《物理小識》與《天工開物》而論，有其傳承的同處，又有其着重的異處，大抵而言，《物理小識》重別類的思想，《天工開物》則重工藝的描繪，蓋特重民生百事也。

《天工開物》較少科學思想，但二十多年前他的佚著《談天》《論氣》發現後，才知道他科學思想與理論上的成就，《論氣》除序文外，有〈形氣化〉五篇，大談「形氣生化」的結構、自然哲學或科學，對物質變遷有很好的定性描述，甚至有類似今天「熵」(entropy) 的觀念。他的形氣結構性的重視頗異於《物理小識》中由五行觀念分析的方式，這種定性的結構化比方以智的傳統式水火二氣五行論我認爲是一新局。

至於〈氣聲〉九篇，則有卓越的聲學理論成就，詳談發聲原理，傳播、樂器共鳴原理，響度頻率等問題，難得是有曠絕當代的聲波與水波傳播的波動類比論，文曰：「物之冲氣也，如其激水然。氣與水，同一易動之物。以石投水，水面迎石之地一舉而止，而其紋浪以次而開，至縱橫尋丈而猶未歇。其蕩氣亦猶是

焉，特微渺而不得聞耳。」❷，時西方尚無像樣的波動論，遑論
將水波與聲波的傳播加以類比了。宋應星的聲學成就可與方以智
《物理小識》中光色散的定性相與倫比，而光聲乃人與人，人與
自然溝通感應的媒介，感應類比素爲中國闡述自然與人文秩序所
重，發展至明代而有如是的成就，亦傳統型中國科技成熟之表
徵，惜入清後，人只談《物理小識》中的考據，大氣恢宏的科學
思想沒人談了，《天工開物》則根本在中土亡佚，而流於扶桑，
而夫之，阮元諸人又有過分強烈的民族主義，排斥西學，明代容
納西學的胸襟又沒了，中西兩斷，令人浩歎！

　　至於方、宋兩人則並不相識，唯以智曾讀《天工開物》，在
《物理小識》卷七＜銅礦＞條中曾引用《天工開物》之文，而冠
以宋奉新曰，蓋宋應星係江西奉新縣人也。

---

❷　宋應星《論氣・氣聲篇・第七章》。

第七章 結論：方以智一生努力的評價

　　方以智名顯於當代，一生努力又是各方面的，除政事文采，琴棋書畫外，於考據、科學、哲學、思想上均有大成，又忠心孝行又感人，這樣一個人物，無論在其當代，在後代，一定是評價多重的，而每一時代的學風又時相迥異，對以智的評價自也不一，因此我特分當時人的評論和民初及今人的評論，至於我對他之評價已見諸序文，姑不冗。

一、當時及清代人之評價

　　先談王夫之對以智的評價，對其早年學行有「姿抱暢達，早以文章譽望動天下」語❶，對其逃禪前許多浪蕩不拘的行為之引人非議也曾說：「方密之閣學之在粵，恣意浪遊，節吳歈，鬬葉子，謔笑不立崖岸，人皆以通脫短之。」❷，對以智之詩則說：「詩仿錢劉（指唐詩人錢起與劉長卿），平遠有局度。」❸，對以智之十九即仿武侯做木牛流馬，則曾思訪以智詳詢而不克：

---

❶　見王船山，《船山師友記》第四〈方閣老以智〉。

❷　見王船山《遺書全集‧搔首問》頁八上。

❸　同❶。

「讀陳大樽集云，密翁年十九而知作木牛流馬，欲就青原問之，不克，而密翁逝矣。」❹，對以智精密的科學方法則更加推崇：「密翁與其公子為質測之學，誠學思兼致之實功，蓋格物者卽物以窮理，惟質測為得之，若邵康節蔡西山，則立一理以究物，非格物也。」❺，這評論也透露了夫之對自然知識的看法，難怪他旣看重孟子「大體」之心，也看重「小體」之五官了。

何如龍對以智之評：「密之年甫弱冠也，倜儻雅駿負才，著書好古，志在千秋。」❻其氣宇軒昂，壯志豪情可見，「與言當世務而經濟，娓娓所陳說皆探悉一時之故，識不下後世賈生也……，讀古人書，寒暑不易，密之博學好古，良有以也。」❼

對其在粵之行，喆勇氏〈談方以智粵難〉云：「其國難當前，身居揆席，聽歌豪賭，笑謔浪遊，猶為貴公子故態，故疑其粵難之禍，根在於此。」❽

崇禎帝之中官後為老僧，曾語錢秉鐙崇禎帝對以智跪闕懷疏救父之事之評為：「朕聞新進士中有一方以智其父方孔炤亦以巡撫湖廣，與陳某同罪下獄，聞以智懷有血書，日日於朝門外候百官過，叩頭呼號，求為上達，此亦是人子，求忠臣出於孝子之門。」❾

而以智逃禪是做遺民僧，表示不臣清，故初坐禪時，好友錢秉鐙曾有詩：「五更起坐自溫經，還似書生靜夜聽，梵唱自聽能

❹ 同❷頁八下。
❺ 同前註。
❻ 《浮山文集前編・稽古堂初集序，何如龍題》。
❼ 同前註。
❽ 見饒宗頤〈方以智與陳子升〉一文引。
❾ 錢秉鐙，《田間文集》卷二十六，〈長干寺遇舊中官述往事〉。

彷彿，老僧本色是優伶。」，自注云：「愚道人既爲僧，習梵唱，
予笑其是劇中老僧腔也。」❿

　　對方以智在清兵逼迫下以逃禪方式保持其遺民志節，其弟子
興齊謂「吾藥地老人，臨難捨身，踏完天地，而歸不二，窮盡一
切而乘中和。以大才而成大孝，移大孝而持大節，全大節而秉大
願。」⓫，江子長則稱其爲「四眞子」，即「眞孝子、眞忠臣、
眞才子、眞佛祖」，以智死後並私諡「文忠」。⓬

　　對以智之字畫，《清代畫史》上之評爲：「山水得元人派，
淡烟點染，筆入三昧，字作章草，亦工二王，詩文詞曲甲東南，
至雙鉤飛白，五木六博，以及吹簫檛鼓，徘優平話諸技，俱極精
妙，甲申後爲僧，就嗜枯寂，有貧士所不能堪者，至書畫與詩，
偶然爲之，然多禪悟，不期人解也。」⓭

　　以智曾貽施閏章畫並題短歌，閏章依韻報謝。評其畫云：
「藥公別具神仙筆，照夜青藜逢太乙，手翻滄海弄白日，興酣筆
落如箭疾，千巖萬壑何周密，爲我倒縮蓬萊歸。室雲蒸霧合天
地，半空風雨泉聲出。」⓮

　　黃宗羲則認爲以智之詩爲詩史之筆，曾說：「明室之亡，分
國鮫人、紀年鬼窟，較之前代干戈，久無條序，其從亡之士，章
皇草澤之民，不無危苦之詞，以余所見者，石齋、次野、介子、
露舟、希聲、蒼水、密之十餘家，無關受命之筆，然故國之鏗爾，

---

❿　錢秉鐙《藏山閣詩存》卷十三〈失路吟〉，頁四七下。

⓫　《青原愚者智禪師語錄》〈興斧跋〉。

⓬　方苞，〈跋截斷紅塵圖〉，引自余英時，《方以智晚節考》。

⓭　盛叔清輯，黃檏存閱《清代畫史》卷十九，頁九～一〇，總頁三九
　　四～五。此語亦見《周朝畫識》卷十四方外一〈無可〉條。

⓮　《周朝畫識》卷十四方外一〈藥地〉條引《愚山集》。

不可不謂之史也。」⑮，而宗羲「詩史」的意義是：「孟子曰：
詩亡然後春秋作。是詩之與史相表裏者也。……以史爲綱，以詩
爲目，而一代人物賴以不墜。」⑯

　　方以智弱冠之時，曾與黃宗羲遊，宗羲患瘧時並爲之診尺
脈，宗羲有言：「余束髮交遊，所見天下士，才分與余不甚懸絕，
而爲余之所畏者，桐城方密之，秋浦沈崑銅，余弟澤望及子一四
人。」⑰

　　方以智在北都陷後，守節不屈，親見其事的方龐說：「……
余從燕都，親見國難，密之抗節獨苦，忠心壯志，可薄雲日，而
值仇慾障天時，能不悲乎？」⑱

　　程九屏曰：「唐之甄濟、蘇源明，宋之趙鼎、張浚、胡寅。
以視密之守節之苦，尚且遜之。」⑲

　　林銓說：「忠良被謗，從昔有之，然不謂抗節負義，炳若日
星如我密之者。當萬死一生之餘，而乃爲其仇陳誣蠥至此，豈不
哀哉。」⑳

　　至於披緇後，北行遊廬山，修苦行僧，熊開元評云：「……
壬辰避人臣之極位，以比丘僧，訪予匡廬，肩大布衲遊行，卽以
爲臥具，別無轇袋鉢囊，亦復不求伴侶，日纇十百里，無畏無
疲，至使予覿面不相識，審際乃寤爲故人。則又驚歎曰：大丈夫

---

⑮　黃宗羲《南雷文定前集》卷一。

⑯　同前註卷一〈姚江逸詩序〉。

⑰　黃宗羲《南雷文定》卷一，頁二〇上，〈翰林院庶居士子——魏先
　　生墓誌銘〉。

⑱　《浮山文集前編》卷七，頁一上，〈寄李舒章書〉。

⑲　同前註。

⑳　同前註。

現大人相，若此豈將相所能為，猶之謂世有不受像之鏡，不隨色之珠也，而不知其一無有乃能容衆有，百不緣乃能涉衆緣，初非遺棄世務，徒取聲聞人涅槃為樂也。」❷❶

錢謙益則評以智遊匡廬之＜借廬語＞數十首云：「道人借廬之詩，茫茫焉、落落焉，不復知有情器世界、塵劫壞成之事，翎彈松漠、規啼居庸，如風起青蘋之末，迢然過吾耳也。」❷❷，足見其禪機之趣。

魏禧＜與木大師書＞則於以智一生評曰：「師之抱恨於甲申也，識者律以文山之不死；及獨身竄西粵，避馬阮之難，識者比之申屠子龍；其後捐妻子、棄廬墓、托跡緇衣，識者疑於遜國之雪菴。若是者，師之可以謝天下、傳於後世矣。其他博學宏文、蓋世之能、兼通之技，為流俗所羨慕者，固不足為師道也。」❷❸

又陳仁錫於弱冠之以智評曰：「密之年甫弱冠也，倜儻負大才，著書好古，志在千秋，豈積德累仁之致與？」❷❹

劉城于以智之治易則有言：「余治易好為象數占變之說，又好講圖義，……，皖桐則方密之特言之，皆治京焦陳邵諸家，觀象玩占之學，非舉子輩應有司尺度之言也。然獨密之遂以易登上第矣。密之才高學博，凡天官地志陰陽五行筵籌諸術，藝無不精，此非以為易，而皆與易有涉者。」❷❺

---

❷❶　《青原愚者智禪師語錄》〈熊開元序〉。
❷❷　錢謙益《錢牧齋有學集》卷五十，頁四八上。
❷❸　魏禧《魏叔子文集》卷五，頁五四上。
❷❹　《浮山文集前編》〈陳仁錫序〉。
❷❺　劉城《嶧桐文集》卷三，頁一四上。

　　至於《四庫全書總目提要》對《通雅》之評價則爲：「明中葉以後以博治著者稱楊慎，而陳耀文起而與爭。然慎好僞說以售欺，耀文好蔓引以求勝。次則焦竑，亦喜考證而習與李贄遊，動輒牽綴佛書，傷於蕪雜。惟以智崛起崇禎中，考據精核，廻出其上。風氣旣開，國初顧炎武、閻若璩、朱彝尊等沿波而起，始一掃懸揣之空談。雖其中千慮一失，或所不免，而窮源溯委，詞必有徵，在明代考證家中，可謂卓然獨立者矣。」❷⑥

　　《提要》對《物理小識》則評曰：「……此書……大致本博物志、物類相感志諸書而衍之。但張華、贊寧所撰，但言尅制生化之性，而此則推闡其所以然。雖所錄不免冗雜，未必一一盡確，其所辨論亦不免時有附會，而細大兼收，固亦可資博識而利民用。」❷⑦

　　至於對《藥地炮莊》之看法，以智學人與月的觀點是：「聖學、宗敎，各各會通，且得乎心，面面可入。」「就世目而言，儒非老莊，而莊又與老別，禪以莊宗虛無自然爲外道，若然，莊在三敎外乎！藏身別路，化歸中和，誰信及此，杖人故發托孤之論，以寓彌縫，闡其妙葉，嘗曰，道若不同，則不相爲謀矣。是望人以道大同於天下，必不使異端之終爲異端也。」❷⑧

　　文德翼則評曰：「古人之病病道少，今人之病病道多也，須炮卻始得，蓋醫能醫病，藥地能醫醫，是曰醫王。」❷⑨

　　其學生弘庸亦曰：「杖人評莊正欲別路醒之，藥地炮莊合古

---

❷⑥　《四庫全書總目提要》，子部，雜家類，雜考。
❷⑦　《四庫全書總目提要》，子部，雜家類，雜說。
❷⑧　《藥地炮莊·炮莊發凡》頁一，頁二。
❷⑨　《藥地炮莊·補堂炮莊序》。

今之評以顯杖人之正妙，在聽天下人各各平心，自吞吐之果平心乎，各當其分，各竭其才，物論本自齊也。」❸⓿

以智友戒顯則說：「炮儒者莊也，炮教者宗也，茲帙雖曰炮莊，實兼三教五宗而大炮之也。」❸①

陳伯升則曰：「莊子隱戰國而化賢才以無首之遯，杖人感出世之流弊而借莊以彌縫之。愚者合古今而令其自炮，正謂千年以來口不可禁，不如兩造具而中用昭然。」❸②

竹庵道人則謂：「莊子之言，多出杜撰，杖人藥地大驚小怪，引許多宗門中語去發明他，那人且不識莊子語，又如何明得宗門中語，不亦隔靴搔癢耶！」❸③

瘖道人說：「……著經抑又渙隱矣，知不知何損於宓山，余自信知宓山者，卒亦未能盡知，以其寓而不有故也，尚無徒以炮莊測之哉，故次其語以俟後世論定云。」❸④

以智應制之師余颺則曰：「自天界老人發托孤之論，藥地又舉而炮之，而莊生廼為堯舜周孔之嫡子矣，其與孟子同功，而不與孟子同報，孟子以正莊生以反，孟子以嚴莊生以誕，嚴與正者其心易見，而反與誕者其旨難知也。此**莊**氏之書所以萬古獨稱深託者乎！今無端被浪老人一鑿，又被藥地再鑿，槌鉗鍛竈不多乎哉！」❸⑤

友人施閏章於以智晚年之行則言：「廬陵于明府以七祖道場

---

❸⓿　《藥地炮莊・弘庸序》。
❸①　《藥地炮莊・炮莊序》。
❸②　《藥地炮莊・刻炮莊緣起》頁一三。
❸③　《藥地炮莊・刻炮莊緣起》頁九。
❸④　《藥地炮莊・關炮莊與滕公剡語》。
❸⑤　《藥地炮莊・炮莊序》。

固請駐錫，師乃留數載，著書說法，皈者日衆。間全幽人韻士，疏瀑泉，滌奇石，碑銘偈頌，照耀林谷，片語單辭，無非大道。僉以爲枯荆復茂，山川改觀，師之力也。師旣負殊穎，喜深思，其學務窮差別，觀其會通。凡天地、人物、象數、曆律、醫卜之學，類皆神解默識，遇事成書。善易者不言易，善禪者不執禪。其汲汲與人開說，囊括百家，掀揭三乘，若風發衆誦，午夜不輟。士大夫之行過吉州者，鮮不問道靑原；至則聞其言，未嘗不樂而忘返，茫乎喪其所恃也。」㊱

　　對以智晚年《東西均》《藥地炮莊》認爲難解者不少，其友錢澄之在《通雅》序中卽指出，其中年後所著書「學者驟讀之，多不可解，而道人直欲以之導世也。」㊲

二、民初及今人之評論

　　余英時先生說：「明清之際，桐城方密之以智才智照耀一世，然身後品藻則已屢經改易。當乾隆之世，漢學鼎盛，四庫館臣極稱許《通雅》，所重者顯在其考證，此第一期也。密之早年治學，博雅所及，兼通物理，與並世耶穌會諸子頗上下其議論。『五四』以來，遠西郯子見重於中土，言密之者率多推其爲近世科學與音韻學之先驅，此第二期也。泊乎最近，學風再變，思想與社會之關係最受治史者注目。密之少負澄清天下之志，接武東林，主盟復社，言思所涉，遍及當時社會問題之各方面，則宜乎今人之特

㊱　《愚山先生學餘文集》卷九〈無可大師六十序〉。
㊲　轉引自李學勤〈東西均校點後記〉。

有愛於密之者轉在其為一時代之先覺矣。此第三期也。」❸，此
誠確實之言，清代以智各著作及言行之議前節已言及，現專錄民
初至今對以智之評也。

　　先言余英時之評，除見諸前段外，於以智晚年文字之難懂曾
言「密之文字不易通讀，故斷句不能必保無誤，但期少誤而已，
讀者若加引用，尚須仔細斟酌也。」❸，以及「密之著述頗影響
及日本近世思想」「雖所獲至匲，猶幸於密之晚節稍有所窺。妥
鈞稽史料，草為此篇，聊以發潛德之幽光，表遺民之心曲，非敢
輒以考據自喜也。」❹，事實上余氏斷定以智係殉民族大節以
亡，卽發幽光，表心曲之大作也。

　　而其師錢穆先生在為其寫序時已備言之，語云：「密之則藏
身方外，學思言行，不能無殊，軌途既隔，傳述遂寡。志猶合而
道則乖，所以有顯晦之相歧也。」「若果逃儒歸釋，寧有復主三
敎合一之理。縱不然，亦牽孔老為編裨，奉瞿曇於一尊。至如密
之則逃儒歸釋乃其跡，非其心。……故密之晚節，顯然仍是勝國
一遺老，不得以一禪師目之。」❹，「明明是勝國遺民下入昭代，
四庫館臣豈不知。乃並此亦避不敢提，殆由愛生諱，其疏失卽其
謹慎，而密之乃居然得乾淨為一明代人。」❹

　　侯外廬則稱以智是「東林──復社人物在理論上的總結者」❹

---

❸　余英時，《方以智晚節考》〈自序〉。

❸　余英時，《方以智晚節考》〈增訂版自序〉。

❹　《方以智晚節考》〈小引〉。

❹　《方以智晚節考》〈錢序〉。

❹　同前註。

❹　侯外廬〈方以智──中國的百科全書派大哲學家〉，歷史研究1957
　　年第六、七期。

「方以智的學問很淵博，對於文學、經學、醫學和書畫、音樂等藝術都有造詣，特別對於科學和哲學作過系統的研究」❹，對於《通雅》一書並認爲「㈠從著作的體例內容上講，它部分地是『百科全書』派唯物主義的中國版，㈡單從方法論上講，它部分地又是笛卡爾思想的中國版」，因爲其「立基於自然史的唯物主義世界觀和百科全書派類似，而其人文主義的色彩又和笛卡爾相似。」❺「方以智的炮製莊子，比王夫之的《莊子通》更高明一籌。」「他是第一個提出文字改革的人」，方以智所處時代「既有新世界出現的可能，又有新世界難以出現的現實，這樣的歷史決定了方以智的生平。」，並總稱之爲「中國的百科全書派大哲學家」「啓蒙學者」❻。

三十年代的嵇文甫亦承乾嘉學者的看法，認爲方以智是明末考證家中最後出，但也是最特出的一位：「晚明時代以讀書稽古著稱的，有胡應麟、焦竑、陳第、方以智等，稍前則有楊愼、陳耀文，而王世貞亦頗有根柢。這些人除陳、方二氏外，雖都不免『聞見博雜』，但對於古學復興運動都是很有關係的。大概楊、陳、王、胡，投閒抵隙，相引而起，爲一組；焦、陳同時而相交游，在某點上亦可並論；方氏最後，亦最特出，卓爾不羣。」❼

李學勤則認爲以智的文字費解：「方以智甲申以後的著作，文字奧衍，用典晦僻，是相當費解的。」❽

《中國學術名著今釋語譯·清代篇》編者則認爲「他是明末

❹　同前註。
❺　同前註。
❻　同前註。
❼　嵇文甫，《晚明思想史論》，頁九八。
❽　李學勤〈東西均校點後記〉。

清初一位文學家及哲學家和愛國主義者，知識很淵博，對於文學、經學、音樂、藝術等都有造詣，特別在自然科學和哲學方面有成就。」「作爲一個十七世紀的思想家，他的哲學思想是有局限性的。他的『五行尊火論』和哲學思想中的象數論都有一些迷信和讖緯術的觀點，由於具有迷信的觀點，不可避免地使他具有某些宿命論的觀點。他認爲所謂象數，是『非人之所能爲也』的東西。此外，他的哲學思想中還有許多唯心主義的雜質。例如，他承襲了他父親的論點，說：『舍心無物，舍物無心。』說『舍物無心』是正確的，說『舍心無物』，又太強調心的作用了。」

而《清史》中則說「以智生有異稟，年十五，羣經子史，略能背誦，博涉多通，自天文輿地禮樂律數聲音文字書畫醫藥技勇之屬。皆能考其源流，析其旨趣。著書數十萬言，惟《通雅》《物理小識》二書，盛行於世。」❹

編《方以智・茅元儀著述知見錄》的任道斌則認爲方以智「是我國十七世紀傑出的學者和社會活動家，詩人與書畫家。他處於明清交替的動盪年代，雖然一生經歷坎坷，但在患難流離之中，從不氣餒，仍著述不輟，爲後人留下了大批的著作。這些著作內容廣泛，涉及到哲學、文學、音韻學、文字學、醫學、天文學、數學、美術等方面，反映了當時學術界的研究成果和社會變革的矛盾，是我國文化寶庫中不可忽視的一部分。他的書法，蒼勁奇崛，繪畫不求甚似，意境超脫，在明遺民畫家中較具典型。」

在〈方以智簡論〉中，任氏則說「在西學東漸過程中，方以智對西學採取批判吸取的態度，同時對中國的文化科技作了調查

---

❹　張其昀主編《清史・遺逸傳》，爲列傳二百八十五，總頁五四三一。

整理。方以智試圖改正西學的不足，然而，三代學《易》家庭
的影響，雖給他帶來了自然的樸素辯證法，但這不能完全解釋宇
宙，以致使他陷入了形而上學。由於先天的不足，他不可能像
牛頓那樣，從科學實踐中去尋求三大定律式的科學規律，只能以
《周易》《河圖》《洛書》中檢出神秘主義作爲改進西學的武
器，所以他的嘗試歸於失敗。從方以智身上我們可以看到，一種
新文化的傳入，不僅會因爲政治因素而受到夭折，而且也會因
爲學者本身的不成熟，和傳統文化習慣勢力的根深蒂固而遭到夭
折。從方以智的身上，我們可以看到晚明文化繁榮進步的短暫。」
「方以智的著作流傳海外，他的學術造詣、愛國精神固然是我們
中華民族的驕傲，但作爲歷史人物，他在明清之際政壇上的活
動，卻沒有值得表彰的突出作用，而且，以歷史的眼光來衡量，
他的社會思想和活動還有許多局限。我們如果不分精萃糟粕，對
此拔高或加以喝彩，非但混淆了歷史本來的面目，而且也無助於
我們對他學術思想作深入的了解。當然，人們也不會因歷史的局
限去否定以智在學術上的貢獻。」❺

　　至於民國十九年的羅常培則認爲方以智在《通雅》卷一中對
中國文字的看法是「在三百年前居然有這種大膽的漢字革命論，
我們不能不承認他是羅馬字注音的響應。」❺

　　而容肇祖則認爲方以智「覺得知識是可以融會前人，但是進
步的」「他的考證方法是嚴密的，他的引證是多方面的，他的音
韻學參考當時西洋人著的《西儒耳目資》」「方以智是實用主義

❺　《清史論叢》第四輯〈方以智簡論〉。
❺　羅常培：〈耶穌會士在晉韵學上的貢獻〉，中研院史語所集刊第一
　　本，頁三〇八。

者，他很不贊成有些理學家說窮理見性，而一物不知。」「他
認爲備物致用是聖人製造的目的，讀書人不應廢去物理的研究」
「他說的公明卽是仁智，以爲仁智是沒有偏見的，一切政治問
題、社會問題、學術問題，全在仁智不偏見上去解決，這是他的
很好的態度。」[52]

　　方以智的著作許多雖不傳於清代，但民間仍有私傳，民初有
一位王多欽先生曾述其獲《藥地炮莊》的興奮：「余二十一歲時，
聞先師楊樸菴先生屢稱無可大師《藥地炮莊》爲說莊第一書，卽
有心求之。廿餘年來，僅得卷首一本。至辛亥六月，乃見有持此
書求售者，欣然購之，如獲異珍。首卷復缺四序一題詠；幸前購
殘本有此六葉，遂以補入，此書始成完書。然已二十五年懸懸胸
臆，僅乃得之者矣。此書未必如唐刊宋刻，盡人知珍；而覓之如
此其難，可慨也已。爰識其緣起如此。——丁巳多至後一日，上
元王木齋記。」（丁巳年是民國六年）[53]

---

[52]　容肇祖〈方以智和他的思想〉，《嶺南學報》九卷一期，頁一〇三
　　　～一〇四。

[53]　林景淵〈好書不會寂寞〉，《新書月刊》二十四期，頁六〇～六一。

方 以 智 年 表

本表之編定參考了張永堂先生博士論文《方以智的生平與思想‧簡譜》與余英時先生《方以智晚節考》增訂擴大版中的晚年年表。

世宗嘉靖七年，戊子，1528。

    1. 王陽明卒（1472～1528）。

世宗嘉靖十五年，丙申，1536。

    1. 朱載堉生（1536～約 1610 後），其音律學之巨著《律學新說》出版於 1584 年。

世宗嘉靖四十一年，壬戌，1562。

    1. 徐光啟生（1562～1633）。

神宗萬曆十五年，丁亥，1587。

    1. 《天工開物》作者宋應星生。

    2. 前一年，地學名家徐霞客生（1586～1641）。

神宗萬曆二十一年，癸巳，1593。

    1. 《本草綱目》作者李時珍卒（1518～1593）。

神宗萬曆二十三年，乙未，1595。

    1. 河工理論與實務名家潘季馴卒（1521～1595），名著《河防一覽》刊刻於萬曆十八年。

神宗萬曆三十九年，辛亥，1611。

    1. 十月生於安徽桐城，祖父方大鎮用《易經》「蓍圓而神，卦方以智」之意命名方以智。十月望曾祖父方學漸

自東林書院講學歸來，故乳名東林。

2. 前一年，明末四公子之一的冒襄生 (1610～1693)，大儒黃宗羲生 (1610～1695)。

3. 《幾何原本》前六卷譯本刊刻。

4. 前一年，耶穌會士利瑪竇 (Matteo Ricci) 卒 (1552～1610)。

神宗萬曆四十年，壬子，1612。

1. 祖父方大鎮按河南事未竣，移疾歸。

2. 東林巨擘顧憲成卒 (1550～1612)；友人錢秉鐙生 (1612～1694)。

3. 泰西熊三拔口授，徐光啓記《泰西水法》成書。

神宗萬曆四十一年，癸丑，1613。

1. 夫人潘翟生，潘氏乃潘映婁女。

2. 妹方子耀生 (1613～1684)。

3. 五月，顧炎武生 (1613～1682)。

神宗萬曆四十三年，乙卯，1615。

1. 方學漸卒 (1540～1615)。

2. 明代三大高僧之一憨山德清過桐城訪方以智外祖父吳應賓。

3. 明儒鄒元標於青原山建五賢祠，並移儒學會館於淨居寺外。

4. 重振淨土宗之明代三大高僧之一蓮池袾宏圓寂 (1535～1615)。

神宗萬曆四十四年，丙辰，1616。

1. 父方孔炤中進士，在京師。祖父方大鎮寄家書訓勉之。

神宗萬曆四十五年，丁巳，1617。

　　1. 隨父至四川嘉定州任所。

　　2. 明末四公子之一侯方域生（1617～1654）。

神宗萬曆四十六年，戊午，1618。

　　1. 好友詩文名家施閏章生（1618～1682）。

神宗萬曆四十七年，己未，1619。

　　1. 隨父至福建福寧州知州任所，親炙熊明遇先生論西學物理，頗受啟發。

　　2. 好友王夫之生（1619～1692）。

　　3. 弟方其義生（1619～1649）。

神宗萬曆四十八年，庚申，1620，10歲。

　　1. 隨父在福建福寧州知州任所。

　　2. 方孔炤於任所爲方大鎮作「寧澹語跋」。

熹宗天啟二年，壬戌，1622。

　　1. 母吳令儀卒（1593～1622）。

　　2. 方大鎮改按京畿。上奏方學漸之「治平十二箴」。並與鄒元標、馮從吾講學首善書院。

　　3. 方孔炤陞職方司員外郎。

熹宗天啟三年，癸亥，1623。

　　1. 隨父在都。

　　2. 劉洪謨爲方大鎮《寧澹語》撰＜讀桐川方魯嶽先生論學序＞。

　　3. 西儒艾儒略簡介西學之《西學凡》刊刻，介紹西方風土人情之《職方外紀》亦成。

　　4. 高僧憨山德清圓寂（1546～1623）。

熹宗天啓四年，甲子，1624。

    1. 方孔炤以忤閹黨崔呈秀削籍。方大鎮亦因璫禍筮得同人於野，歸里講學。

    2. 好友寧都魏禧生 (1624～1680)。

熹宗天啓五年，乙丑，1625。

    1. 方孔炤陞江西贛州兵備。

    2. 詔毀天下講學書院，東林書院亦被毀。

熹宗天啓六年，丙寅，1626。

    1. 方大鎮作＜霧澤軒誡＞以明講學宗旨。

    2. 東林巨擘高攀龍卒 (1562～1626)。

    3. 耶穌會士湯若望之《遠鏡說》刊刻。

    4. 泰西金尼閣撰述之西方語音學之《西儒耳目資》刊刻。

熹宗天啓七年，丁卯，1627。

    1. 魏忠賢、崔呈秀伏誅。

    2. 王徵譯，耶穌會士鄧玉函口授之《遠西奇器圖說》刊刻。

思宗崇禎元年，戊辰，1628。

    1. 居桐城，與周岐、孫臨讀書澤社。多，撰「史漢釋詁序」。

    2. 徐光啓的《農政全書》成書。

思宗崇禎二年，己巳，1629。

    1. 妹方子耀適孫臨。

    2. 居金陵，爲蘇桓序《薊西雜咏》。

    3. 爲二姑媽方維儀撰＜清芬閣集跋＞。

    4. 方以智曾祖母卒 (1544～1629)。

5. 徐光啓在北京設「曆局」，議用西法改曆。

思宗崇禎三年，庚午，1630，20歲。

1. 慕司馬遷之二十遊天下，遂亦東遊江淮吳越。遊西湖與
陳子龍、李雯訂交。遊吳則訪瞿式耜。

思宗崇禎四年，辛未，1631。

1. 居桐城，讀書於澤社，撰〈爲揚雄與桓譚書〉。

2. 爲師王宣梓《物理所》，並開始撰著《物理小識》。

3. 方大鎭以廬母墓過傷而卒（1562～1631）。方孔炤廬墓白
鹿三年，廣家傳易學，而成《周易時論》。

4. 徐光啓兩呈曆書 24 冊，書表圖各三種。

思宗崇禎五年，壬申，1632。

1. 遊吳回桐，勸錢秉鐙脫離中江社，阮大鋮遂銜之。

2. 徐光啟三呈曆書三十卷。

思宗崇禎六年，癸酉，1633。

1. 至金陵訪何如寵，請爲撰〈稽古堂初集序〉。並往訪陳
弘緒、張自烈。

2. 楊文聰舉國門廣業社第二次大會於金陵。

3. 劉城、蘇桓爲方以智撰〈九將序〉。

4. 徐文定公徐光啓卒（1562～1633）。是年四呈曆書 30 卷，
星屏一架。

思宗崇禎七年，甲戌，1634。

1. 桐城民變起，始流寓金陵，顏所居曰「膝寓」，其隨
筆稱《膝寓隨筆》。

2. 其師王宣因桐城民變而離桐歸里（金谿）。

3. 外祖吳應賓卒（1565～1634）。

4. 方孔炤廬墓在鄉，乃佐縣官，平定民亂。

5. 李天經繼徐光啓未竟之業，五呈曆書，計前後共 137 卷。

思宗崇禎八年，乙亥，1635，25歲。

1. 流賊圍桐，孫臨亦避居金陵。

2. 方以智居金陵，並有東越之遊。

思宗崇禎九年，丙子，1636。

1. 居金陵，秋觀濤日，參與桃葉渡大會，並爲魏學濂作
   <血書孝經題辭>。

2. 冬，回桐城，並與孫臨有射壇之遊。

3. 李之藻譯《名理探》成書，西方名學（邏輯）始入中
   國。

思宗崇禎十年，丁丑，1637。

1. 居金陵，作<七解>以喻志，並因父病而始學醫。

2. 宋應星的《天工開物》刊刻。

思宗崇禎十一年，戊寅，1638。

1. 隨父至楚撫任所，後回桐，欲邀錢秉鐙至金陵共事，以
   時事危急未果，復回楚。

2. 顧杲等在金陵出<留都防亂公揭>以逐阮大鋮，阮誣方
   以智爲幕後主謀。

3. 《流寓草》九卷刻於此年前後。

思宗崇禎十二年，己卯，1639。

1. 山東濟南城陷，大姑方孟式與姑父張秉文殉難。

2. 作<醫學序>。

3. 與明末四公子之一的冒襄識於金陵，並爲襄言董小宛
   名。

4. 黃宗羲病瘧，方以智為診尺脈。

5. 孫臨大會諸伎於方以智秦淮水閣。

6. 中鄉式，出余颺門。

7. 為張自烈撰〈四書大全辨序〉。

思宗崇禎十三年，庚辰，1640，30歲。

1. 正月，令左國棟、左國林、左國材刻《桐山彙業》以對抗阮大鋮。桐城社事自此始判。

2. 正月，方孔炤以撫楚事敗入獄，與黃道周同在西庫，朝夕論易不輟。

3. 三月，上〈請代父罪疏〉，以殿試在即不獲請。

4. 中進士，顏所居曰「曼寓」，所撰文集曰《曼寓草》，號「曼公」。

5. 秋作〈激楚〉，為父申楚事之冤，有黃景明、戴明說、宋玫、徐耀、魏藻德、葛世振、顏渾、田有年序。

6. 自北京寄明末四公子之一的侯方域麋絲之衣。

思宗崇禎十四年，辛巳，1641。

1. 撰〈通雅自序〉。

2. 黃道周作〈方密之屢索易象正未之敢授愛謝乃翁仁植詩〉。

3. 初秋，父免死得釋，計在獄中一年八閱月。

4. 撰〈文章薪火〉〈顧瞻噫〉〈小學大略〉〈音義雜論〉〈此藏軒音義雜說〉〈采石文昌三臺閣碑記〉。

5. 地學名著《徐霞客遊記》出書，徐霞客卒(1586～1641)。

思宗崇禎十五年，壬午，1642。

1. 授翰林院檢討，在京師言河洛之數，另出新義，黃宗羲

贊之。

2. 撰＜通雅又序＞、＜讀書類略＞，並爲張自烈撰＜字彙辨序＞。

3. 吳有性撰《瘟疫論》。

思宗崇禎十六年，癸未，1643。

1. 方孔炤應召入都，上＜薊堯小言＞十二策。

2. 撰＜通雅凡例＞、＜物理小識自序＞、＜周易時論後跋＞。

3. 耶穌會士鄧玉函之《人身概說》出版，西方人體解剖學傳入中國。

思宗崇禎十七年，福王弘光元年，清世祖順治元年，甲申，1644，年34歲。

1. 正月，方孔炤受命以都察院右僉都御史總理河北山東；二月又命以原官兼理軍務督同廣大二道就近御防。

2. 正月二十四日，方以智上＜請纓疏＞，請辭講職，改任兵部，以兵曹參謀出聯鎮協，以便父子枕戈，君父同報，但終不獲請。

3. 二月初三日，召對德政殿，提四策。終因忤相而未果用。

4. 三月十九日，李自成陷北京，方以智哭東華門被捕。三月廿九日押入。四月十二日乘間逃出，棄妻子南奔。五月朔抵清浦，十月抵南都。擬疏報賊狀，未能上達。九月馬阮亂政，大捕東林復社黨人，方以智雖列名其中，已先奉父命出相隱地，旋卽歷臺宕，入太姥而漂流百粵，變姓名，行醫爲生。

明福王弘光二年，唐王隆武元年，清世祖順治二年，乙酉，1645。

1. 方以智變姓名，賣藥市中，五月為同年進士南海參議姚奇胤所遇，遂館姚署中。並作＜寄李舒章（雯）書＞，言北都陷後患難經過。

2. 遇瞿式耜，頗多唱和。

3. 隆武即位於閩，詔方以智入朝，婉謝之。

明唐王隆武二年，清世祖順治三年，丙戌，1646。

1. 得余颺信，有＜丙戌元月雨中得余廙之房師書詩＞一首。

2. 秋，妻與子方中履奉方孔炤命南來，相會於南海，有＜妻孥至詩＞。

3. 永曆帝即位肇慶，方以智以擁戴功擢左中允，為經筵講官，與司禮太監王坤不合，遂掛冠而去，自此不入班行。

4. 作＜書通雅綴集後＞。

明桂王永曆元年，清世祖順治四年，丁亥，1647。

1. 二月，命方以智以翰林學士為東林閣大學士入閣辦事，方以智疏辭。

2. 二月十五日隨帝至全州，奔靈川，入夫夷。四月以劉承胤自全陽刼駕入武岡，遂棄家孤隱，變姓名，六月至沅，七月入蘭地天雷苗。

明桂王永曆二年，清世祖順治五年，戊子，1648。

1. 覺浪道盛禪師至桐城樅陽（方孔炤曾與論道）。並因文字中有「明太祖」字樣，坐文字獄。

2. 方以智流離至楚中洞口，上〈四辭請罪疏〉，冬回桂林，

依吳德操，旋卽隱居平樂平西山，並上＜請修史疏＞。

3. 方以智師王宣卒（1565～1648）。

明桂王永曆三年，清世祖順治六年，己丑，1649。

1. 以智隱居平樂平西山，詔使龔之鳳來，上＜六辭入直疏＞。

2. 弟方其義卒（1619～1649）。

明桂王永曆四年，清世祖順治七年，庚寅，1650，40歲。

1. 詔使方五峰、賈胤聖、季大行三次入平西山。

2. 十月平樂陷，閏十一月爲清將馬蛟麟所執，寧死不仕異姓。

3. 瞿式耜與張同敞被執同殉。

明桂王永曆五年，清世祖順治八年，辛卯，1651。

1. 正月（？）爲清兵所釋，逃禪梧州。先在冰井寺，五月至大雄寺，後至雲蓋寺，法名行遠。

2. 在冰井寺作＜和陶飲酒詩＞二十首，又作＜神鬼變化總論＞。

明桂王永曆六年，清世祖順治九年，壬辰，1652。

1. 施閏章奉使廣西，於三月抵桂林，與方以智訂交雲蓋寺，並同遊冰井寺，有＜同施尙白遊冰井詩＞一首。

2. 與施閏章越梅嶺北上，有＜七月同施尙白入南華詩＞一首，並同遊匡廬。

3. 訪熊魚山（開元）於廬山，有＜贈漚舍靜主詩＞一首，卽熊魚山也。

4. 於廬山五老峯作＜東西均記＞＜向子期與郭子玄書＞＜惠子與莊子書＞。

明桂王永曆七年，清世祖順治十年，癸巳，1653。

1. 回桐省親於白鹿山莊，因皖開府李芃贈以袍帽，遂表示逃禪的決心，並在李芃建議下，至天界寺禮覺浪道盛為師。

2. 閉關高座寺竹關，受大法戒。覺浪為作＜破籃莖草頌＞並為作＜莊子提正＞，後來因之成《藥地炮莊》。

3. 坐關後撰＜象環寤記＞，表明三教合一的主張，及其思想淵源。

明桂王永曆八年，清世祖順治十一年，甲午，1654。

1. 閉關高座寺竹關。

2. 佛界五燈嚴統之爭起，以智認為係門戶派系之爭，故欲聽其自息。

3. 方中德持方孔炤《周易時論》三易稿至竹關省侍。以智雖閉關，卻主張三教歸易，故頗窮究易理。

4. 錢秉鐙來訪，冒襄亦來訪。

5. 方孔炤撰＜周易時論合編凡例＞。

6. 明末四公子之一侯方域卒（1617～1654）。

7. 明末三大高僧之一藕益智旭圓寂（1598～1654）。

明桂王永曆九年，清世祖順治十二年，乙未，1655。

1. 方孔炤卒（1591～1655）。

2. 以智自竹關破關出治父喪，廬墓於合明山之孿廬，故稱「孿廬大師」。

3. 廬墓期間令三子德、通、履續成方孔炤《周易時論合編》未竟之業。

明桂王永曆十年，清世祖順治十三年，丙申，1656。

1. 《周易時論合編》完成。

明桂王永曆十一年，清世祖順治十四年，丁酉，1657。

1. 命子方中德，方中通至秦淮探冒襄病。

2. 笑峰大然禪師入主青原山淨居寺。

明桂王永曆十二年，清世祖順治十五年，戊戌，1658。

1. 撰〈周易時論又跋〉。

2. 至寧都訪魏禧兄弟易堂諸子。

3. 在江西新城壽昌寺，有〈寄青原笑和尚〉七古，賀笑峰
大然禪師七十壽。笑峰建青原毘盧閣成。

明桂王永曆十三年，清世祖順治十六年，己亥，1659。

1. 在新城大寒山壽昌寺，寧都魏禧求訪。

2. 九月七日，覺浪道盛卒於金陵（1592～1659），笑峰自
青原奔浪公喪，訪密之於竹關。

明桂王永曆十四年，清世祖順治十七年，庚子，1660，年50。

1. 在新城廩山寺，建稟山塔院。

2. 笑峰大然禪師卒於金陵，返厝青原。以智至青原為笑峰
視塔基。

3. 次子中通來省侍，三子中履有省親詩，遣長子中德往福
建訪房師余颺，余氏為《周易時論合編》撰序。

4. 黃宗羲遊匡廬，有〈玉川門與雁山夜話兼寄方密之詩〉。

5. 始撰《藥地炮莊》。

6. 魏禧來訪。

明桂王永曆十五年，清世祖順治十八年，辛丑，1661。

1. 方以智在廩山，魏禧偕林時益（確齋）賣茶新城來訪，
魏、林有〈與桐城三方書〉。

2. 弘庸撰〈炮莊序〉。

3. 施閏章分守湖西道。

清聖祖康熙元年，壬寅，1662。

1. 應涂萬年居士之請，入主新城廩山之安福寺，並改名南
谷寺。

2. 春自廩山至青原爲笑公封塔。

3. 三月望後一日施閏章行部至青原，有〈遊青原山記〉。
施閏章與以智自順治九年廬山分手後，重晤於青原，有
〈浮山吟〉七古。臘月八日施閏章三遊青原，有〈青原
卽事〉七絕。

4. 于藻始任廬陵縣令。

清聖祖康熙二年，癸卯，1662。

1. 在廩山南谷寺，後應于藻之請自新城入主青原淨居寺。

2. 方中履省親青原，中履並至泰和春浮園向蕭孟昉借書，
是中履與孟昉（伯升）相交之始。

清聖祖康熙三年，甲辰，1664。

1. 笑峰大然禪師二子倪震來迎骨靈歸，以智爲建衣鉢塔於
青原，次年始成。

2. 余颺應施閏章之請來青原講學，師生相會。

3. 刊刻《藥地炮莊》《物理小識》，蕭伯升爲之鐫版並撰
序，于藻於《物理小識》亦有序。

4. 七月，張煌言被執於舟山，九月初七殉國於杭州。

清聖祖康熙四年，乙巳，1665。

1. 在青原淨居寺，二月二十三日爲父設靈位，並於母忌日
燒香。

2. 與施閏章、毛甡、堵子威、胡萬威、方中通遊青原青又菴。施閏章撰＜遊青又記＞，刻石紀姓名。

3. 房師余颺回閩，撰＜寄藥地尊者＞。

清聖祖康熙五年，丙午，1666。

1. 遊武功山，搜得圖坪千丈崖瀑布。回青原山後搜得小三疊瀑布；徵文於四方好友。

2. 刊行《通雅》；姚文燮撰＜通雅序＞，＜通雅凡例六則＞。

3. 藥樹堂成，撰＜藥樹堂碑銘＞，孫晉來訪青原，撰＜藥樹堂碑文＞，方以智並爲上堂說法。

4. 晦山戒顯（王元翰）來訪，爲撰＜炮莊序＞，方以智並爲上堂說法。

5. 多爲淨居寺置寺田八契。

6. 與施閏章、毛甡、吳堵鳳、胡以寧、方中通同遊青原漱青峽。

清聖祖康熙六年，丁未，1667。

1. 閏四月出遊武夷，道經新城晤魏禧於天峯寺，入閩掃鼓山永覺和尙塔，道出章門，與李元鼎相會後遊武夷；八月往訪余颺，並於黃石通天寺上堂。

2. 王夫之作＜遙歸青原宓大師詩＞一首。

3. 方中履自桐城至青原學道，方中通返桐城。

4. 秋湖西道撤守，施閏章歸里。

清聖祖康熙七年，戊申，1668。

1. 李元鼎來訪青原，與方以智同遊三疊泉，並有＜遊漱青三疊詩＞。

2. 晦山天王碑之眞假諍始，雲溪浪亭禪師有＜與靑原和尚書＞，請方以智出面解紛。

3. 二姑方維儀卒（1585～1668）。

4. 王夫之有＜得靑原書詩＞一首。

5. 桐城派古文巨擘方苞生（1668～1749）。

6. 南懷仁等條答康熙所問西方國土風俗之《御覽西方要紀》書成。

清聖祖康熙八年，己酉，1669。

1. 《靑原志略》成，施閏章於南浦客舍撰＜靑原山志略序＞，于藻亦撰＜靑原山志略序＞。

2. 於靑原始建法蔭堂，次年竣工。

3. 方中通、方中履侍父靑原。

4. 蕭伯升「硯鄰」落成。

5. 黎士弘始任永新縣令。

清聖祖康熙九年，庚戌，1670，60歲。

1. 年六十，四方好友爲文稱壽，施閏章有＜無可大師六十序＞，寧都易堂諸子亦以詩文稱壽，由邱邦士撰＜木立師六十壽卷跋＞。

2. 於十一月初一日辭靑原淨居寺，退居泰和首山陶庵之大悲閣，靑原諸法侄仍爲築烹雪堂。

3. 方中履五月去桐城，九月返靑原，重過蕭孟昉硯鄰，爲撰＜硯鄰偶存序＞或＜泰和蕭氏世集總序＞。

4. 以智有書招王夫之逃禪，夫之婉謝並答以七律一首。

5. 中千賢公輯《首山偶集》，有魏禧序。

6. 徐芸、張貞生撰＜天界覺浪道盛禪師全錄序＞。以智撰

　　＜杖人全集跋＞似亦在此年或次年。

清聖祖康熙十年，辛亥，1671，61歲。

1. 在首山庵，與施閏章有遊黃山之約。

2. 春，李鶴鳴遊青原，應以智之請，撰＜天界浪杖人全錄序＞。

3. 夏，清廷構難，蕭伯升複壁圖存未果，周亮工亦救之，安徽按察使佟國楨營救方氏父子及家屬，秋殉節萬安縣惶恐灘，方中履與中千賢公在側。方中通在桐城就逮，方中履守喪萬安。

4. 黎士弘擢甘州同知。

清聖祖康熙十一年，壬子，1672。

1. 方中履扶櫬歸葬桐城並築桃花齋奉母隱居。

2. 中千賢公爲以智建爪髮塔於泰和亦庵。

3. 秋施閏章遊黃山晤騤菴和尙（熊開元），有＜贈騤菴和尙＞七古悼念以智。

4. 王夫之誤聞以智本年薨於泰和蕭氏春浮園，有弔詩二章。

清聖祖康熙十二年，癸丑，1673。

1. 粵督（金光祖）上疏清廷，以智難事得白。

2. 方中通撰＜題結粵難文至＞及＜論交篇贈佟儼若＞兩詩。

3. 于藻調離廬陵縣。

4. 吳三桂舉兵反清。

5. 《桐城縣志》修纂始。

清聖祖康熙十三年，甲寅，1674。

1. 南懷仁製《世界坤輿全圖》刊印，並有《坤輿圖說》二冊。
2. 二月佟國楨由安徽按察使調任江西布政使。
3. 蕭伯升已有訟事在身。
4. 吳三桂兵至江西，吉安烽火連結。

清聖祖康熙十四年，乙卯，1675。

1. 孟夏蕭伯升挈家至皖江避禍，施閏章遊金陵，有書致佟國楨爲蕭伯升訟事緩頰，並有〈自金陵與蕭孟昉書〉。

清聖祖康熙十五年，丙辰，1676。

1. 九月魏禧避兵過泰和亦菴，禮以智爪髮塔，有五古一首呈中千賢公兼寄方中履。
2. 十月朔于藻卒，施閏章客涇川新安，有〈祭于慧男文〉。
3. 以智諸子門人編成《青原愚者智禪師語錄》四卷。有熊開元序，方中通跋，弟子斧康熙十五年重九跋。

清聖祖康熙十六年，丁巳，1677。

1. 蕭伯升已返泰和，四月魏禧訪蕭伯升於泰和白渡，有〈白渡泛舟記〉。
2. 吳雲向安徽姑孰太守楊霖推薦方中履之《古今釋疑》。

清聖祖康熙十七年，戊午，1678。

1. 蕭伯升年六十，以蜚語繫獄。魏禧、魏禮並有〈蕭孟昉六十序〉之作。

參 考 書 目

　　書目分爲「方以智與其祖孫所撰書目」「清代談及方以智的書目」
「民國以後有關方以智的書目與論文」「有關方以智的外文著作」四大
項：

一、方以智與其祖孫所撰書目

1. 方以智：《藥地炮莊》，康熙三年盧陵曾玉祥刊本，民國64年4月廣
　　文書局影印。又藝文印書館亦據民國21年成都美子林排印本影印了康
　　熙此藏軒刊本，時民國61年。

2. 方以智：《物理小識》，民國57年9月商務國學基本叢書版。

3. 方以智：《東西均》，1962年上海中華書局李學勤校點本。附〈象環
　　寤記〉。

4. 方以智：《通雅》，民國61年臺灣商務印書館四庫珍本第三集，王雲
　　五主編。

5. 方以智：《浮山文集前編》，明末刊本，中央研究院傅斯年圖書館藏
　　有民國21年曬藍本十卷一部。

6. 方以智：〈文章薪火〉，昭代叢書戊集，世楷堂本續編卷三十四，臺
　　大文學院圖書館藏。

7. 方以智：《浮山前集》（流離草），手抄本，臺灣大學故教授方豪珍
　　藏。

8. 方以智：《浮山後集》（鳥道鳴，無生篇，借盧語），手抄本，臺大
　　故教授方豪珍藏。

9. 方以智：《膝寓信筆》，光緒十四年桐城方氏七代遺書本，日本東洋

文庫藏。

10. 方以智：《青原愚者智禪師語錄》，民國57年春臺北中華大藏經本。

11. 方以智：《青原志略》，康熙八年，日本內閣文庫藏。(與施閏章合編)

12. 方學漸：《心學宗》，萬曆三十二年刊本。

13. 方學漸：《邇訓》，萬曆三十五年刊本。

14. 方學漸：《東遊紀》，七代遺書本。

15. 方學漸：《性善繹》，七代遺書本。

16. 方學漸：《庸言》，七代遺書本。

17. 方大鎮：《寧澹語》，七代遺書本。

18. 方大鎮：《荷薪韻義》，七代遺書本。

19. 方大鎮：《寧澹居集》，七代遺書本。

20. 方大鎮：《寧澹居奏議》，七代遺書本。

21. 方孔炤：《周易時論合編》，順治十七年白華堂刊本，民國72年臺北文鏡公司影印。

22. 方孔炤：《窬莪小言》，七代遺書本。

23. 方中德：《古事比》，民國58年廣文書局影印。

24. 方中通：《數度衍》，臺灣商務印書館四庫全書珍本二集。

25. 方中通：《陪集》，北京圖書館藏本。

26. 方中履：《古今釋疑》，康熙二十一年桐城方氏汗青閣刊本，民國60年臺北學生書局影印，曾誤題爲黃宗羲《授書隨筆》。

27. 方中履：《汗青閣文集》，七代遺書本。

二、清代談及方以智的書目

1. 王夫之：《王船山遺書全集》，民國62年中國船山學會影印。

2. 王夫之：《王船山詩文集》，民國73年臺灣漢京文化公司，1962年中華書局亦有版。

3. 王夫之：《南窗漫記》，船山遺書本，民國22年太平洋書店印行。

4. 王夫之：《永曆實錄》，同上。

5. 王夫之：《搔首問》，民國59年廣文書局影印。

6. 施閏章：《施愚山先生全集》，乾隆年間刊本。（附施會曾的〈愚山先生年譜〉）。

7. 魏禧：《魏叔子文集》，寧都三魏全書本。

8. 魏禧：《魏叔子詩集》，康熙易堂原刻本。

9. 魏禮：《魏季子文集》，三魏全書本。

10. 覺浪道盛：《天界覺浪盛禪師全錄》，中華大藏經本。

11. 馬其昶：《桐城耆舊傳》，宣統三年刊，中央研究院傅斯年圖書館藏。

12. 瞿式耜：《瞿忠宣公集》，道光十五年刊本。

13. 陳子龍：《陳忠裕全集》，光緒年間刊本。有〈方密之曼寓草序〉見〈安雅堂稿卷三〉與〈答方密之〉（卷十七）。

14. 揭暄：《璇璣遺述》（又名《寫天新語》），刻鵠齋叢書本。

15. 錢秉鐙：《所知錄》，民國60年世界書局影印。

16. 錢秉鐙：《田間文集》，同治二年皖桐豎㙜堂刊。

17. 錢秉鐙：《藏山閣詩存》，光緒三十四年排印本。

18. 錢秉鐙：《藏山閣集選集》，臺灣文獻叢刊本（第225種）。

19. 李雯：《蓼齋集》，順治十四年刊本。

20. 游藝：《天經或問》，1730年日本刻本。

21. 侯方域：《壯悔堂集》，四部備要本。有〈與槁木大師書〉與〈與方密之書〉。

22. 冒襄：《影梅庵憶語》，冒氏叢書本。

23. 冒襄：《水繪庵詩集》，冒氏叢書本。

24. 冒廣生：《冒巢民先生年譜》，冒氏叢書本。

25. 陳貞慧：《陳定生先生遺著三種》，常州先哲遺書本。

26. 錢謙益：《牧齋有學集》，四部叢刊初編縮本。

27. 黃宗羲：《黃梨洲文集》，1959年中華書局。

28. 黃宗羲：《明儒學案》，臺灣有多種刊本。

29. 黃宗羲：《日本乞師記》，梨洲遺書彙刊本。宣統二年上海中華書局印行，民國 58 年臺北永吉出版社出版，附黃炳垕之《黃梨洲先生年譜》。

30. 黃宗羲：《思舊錄》，同上。

31. 黎士弘：《託素齋集》，無刊刻年代。

32. 黎士弘：《仁恕堂筆記》，昭代叢書己集。

33. 姚範：《援鶉堂筆記》。

34. 劉獻庭：《廣陽雜記》，1941年長沙商務印書館排印本。

35. 計六奇：《明季北略》，臺灣商務人人文庫；或臺灣文獻叢刊本第 275 種。

36. 趙士錦：《北歸記》，1959年中華書局「晚明史料叢書」本。

37. 彭士望：《樹廬文鈔》。

38. 蕭士瑋：《春浮園文集》，春浮園集本。

39. 蕭士瑀：《陶菴雜記》，同上。

40. 蕭伯升：《研鄰偶存》，同上。

41. 顧炎武：《顧亭林詩文集》，1959年中華書局。

42. 張煌言：《張蒼水集》，1959年中華書局。

43. 全祖望：《鮚埼亭集》，商務萬有文庫本。

44. 梁佩蘭：《六瑩堂二集》，詩雪軒校刊本。

45. 王士禎：《池北偶談》，漁洋三十六種，康熙刊本。

46. 王士禎：《香祖筆記》，1982年上海古籍出版社。

47. 惠棟：《漁洋山人精華錄訓纂》，四部備要本。

48. 朱彝尊：《靜志居詩話》，上海文瑞樓本。

49. 汪景祺：《讀書堂西征隨筆》，1967年香港龍門書店影印本。

50. 錢肅潤：《南忠記》，1959年中華書局「晚明史料叢書」本。

51. 《四庫全書總目提要》。

52. 劉城：《嶧峒文集》，貴池先哲遺書本。有〈方密之易義序〉（文卷三）與〈方密之九將題辭〉（文卷八）。

53. 吳應箕：《樓山堂集》，貴池先哲遺書本。

54. 黃道周：《黃漳浦集》，道光年間刊本。

55. 瞿昌文：《粵行紀事》，知不足齋叢書本。

56. 馮治堂：《國朝畫識》，嘉慶二年錢大昕序本，民國67年廣文書局版。

57. 周亮工：《讀畫錄》，海山仙館叢書本，民國63年文史哲出版社畫史叢書。

58. 姜紹書：《無聲詩史》，迷古叢鈔本，民國63年文史哲出版社畫史叢書。

59. 《吉安府志》，光緒本。

60. 《建昌府志》，同治本。

61. 《安慶府志》，同治本。

62. 《寶慶府志》，光緒本。

63. 《萬安縣志》，光緒本。

64. 《桐城縣志》，康熙十二年本。

65. 《桐城續修縣志》，道光本。

66. 《景德傳燈錄》，四部叢刊三編。

67. 羅正鈞：《船山師友記》，民國74年明文書局「清代傳記叢刊」第二十八冊。

三、民國以後有關方以智的書目與論文

1. 《清史稿》，1927年。

2. 《清史列傳》，1928年中華書局。

3. 《清代文字獄檔案》，1934年。

4. 嵇文甫：《王學左派》，民國23年開明書店。

5. 嵇文甫：《晚明思想史論》，民國33年商務印書館。

6. 徐宗澤：《明清間耶穌會士譯著提要》，民國47年中華書局。

7. 張其昀：《淸史‧遺逸傳》，民國49年。

8. 方豪：《中西交通史》，民國43年中央文物供應社，民國72年文化大學新一版。

9. 錢穆：《中國近三百年學術史》，民國26年商務印書館。

10. 方豪：《方豪六十自定稿》，民國58年學生書局。

11. 方豪：《中國天主教史人物傳》，1973年香港公教眞理學會。

12. 謝國楨：《晚明史籍考》，民國58年藝文印書館。

13. 謝國楨：《明清之際黨社運動考》，民國67年臺灣商務人人文庫。

14. 謝國楨：《明末清初的學風》，臺灣仲信出版社。

15. 唐君毅：《中國哲學原論》，1966年香港人生出版社。

16. 牟宗三：《心體與性體》，民國57年正中書局。

17. 朱希祖：《明清史料題跋》，民國57年大華印書館。

18. 梁啓超：《中國近三百年學術史》，民國58年臺五版，臺灣中華書局。

19. 容肇祖：《明代思想史》，民國58年開明書店。

20. 鄧文誠：《清詩紀事初編》，民國60年臺灣中華書局。

21. 蔣維喬：《中國佛教史》，1972年國史研究室。

22. 李約瑟：《中國的科技與文明卷二第十三章》，民國62年臺灣商務印書館中譯本第二冊。

23. 侯外廬等：《中國思想通史》第四卷下冊，1960年北京。

24. 余英時：《歷史與思想》，民國65年聯經出版公司。

25. 余英時：《方以智晚節考》，1972年新亞研究所，民國75年臺灣允晨出版社增訂擴大版。

26. 陳垣：《釋氏疑年錄》，1962年中華書局。

27. 陳垣：《清初僧諍記》，同上。

28. 陳垣：《明季滇黔佛教考》，同上。

29. 張永堂：《方以智的生平與思想》，民國66年臺大歷史研究所博士論文。

30. 張永堂：《方以智》，民國67年臺灣商務印書館「中國歷代思想家」第三十七冊。

31. 李素娓：《方以智藥地炮莊中儒道思想研究》，民國67年臺大中文研究所碩士論文。

32. 周康燮主編：《中國近三百年學術思想論集二編》，1971年崇文書店。

33. 周文英：《中國邏輯思想史稿》，1979年人民出版社。

34. 陳寅恪：《柳如是別傳》，1980年上海古籍出版社。

35. 韋政通：《中國思想史》，民國69年大林出版社。

36. 許冠三：《王船山的致知論》，1981年香港中文大學。

37. 任道斌：《方以智年譜》，1983年安徽教育出版社。

38. 王煜：《明清思想家論集》，民國70年聯經出版公司。

39. 林慶彰：《明代考據學研究》，民國72年學生書局。

40. 高陽：《明末四公子》，民國73年皇冠出版社。

41. 紀國驊：《中國科技史話》，民國73年希氏出版公司。

42. 王錦光、洪震寰：《中國物理史話》，民國73年明文書局。

43. 張友繩：《歷代科技人物傳》，民國73年世界文物供應社。

44. 劉君燦：《談科技思想史》，民國75年明文書局。

45. 劉君燦：《不以規矩不能成方圓》，民國75年東大圖書公司。

46. 張永堂：《明末方氏學派的研究》，民國76年文鏡出版公司。

47. 方豪：〈方以智和陶詩手卷及全文〉，民國63年1月東方雜誌復刊七卷七期。

48. 羅常培：〈耶穌會士在音韵學上的貢獻〉，民國19年中央研究院史語所集刊第一本第三分。

49. 朱偰：〈明季桐城中江社考〉，民國19年中央研究院史語所集刊第一本第二分。

50. 方竑：〈方以智的科學精神與其物理小識〉，民國23年10月中央大學文藝叢刊一卷二期。

51. 馬其昶：〈方密之（以智）先生傳〉，民國16年民彝月刊一期。

52. 張蔭麟：〈明清之際西學輸入中國考略〉，清華學報一卷一期。

53. 容肇祖：〈方以智和他的思想〉，民國37年12月嶺南學報九卷一期。

54. 侯外廬：〈方以智──中國的百科全書派大哲學家〉（一）（二），1957年6、7月歷史研究。

55. 侯外廬：〈方以智東西均一書的哲學思想〉，1962年8月6日人民日報。

56. 張德鈞：〈方以智物理小識的哲學思想〉，1962年3月哲學研究第三期。

57. 李慎儀：〈東西均中合二爲一的原意與實質〉，1965年3月哲學研究。

58. 余英時：〈方中履及其古今釋疑〉，民國61年夏季書目季刊六卷三、四期。

59. 張永堂：〈方以智與西學〉，民國62年10月天主教學術研究所學報五期。

60. 張永堂：〈方以智與王夫之〉，民國61年冬季號書目季刊七卷二期。

61. 儀眞、冒懷章：〈方以智死難事跡考〉，1962年第二號江淮學刊，1979年新亞學術集刊第二期轉載。

62. 冒懷章：〈方以智死難事迹續考〉，稿本。

63. 喆勇：〈談方以智粵難〉，1973年明報月刊九十一期。

64. 勞思光：〈方以智晚節考及補證讀後感〉，1979年新亞學術集刊第二期。

65. 任道斌：〈關於方以智的晚年活動〉，1982年清史論叢第三輯。

66. 任道斌：〈方以智簡論〉，1982年清史論叢第四輯。

67. 王煜：〈方以智倡三教師易論〉，民國73年6月中國文化月刊五十六期。

68. 龔鵬程：〈詩史觀念的發展〉，民國74年6月古典文學第七集。

69. 林景淵：〈好書不會寂寞〉，民國74年9月新書月刊二十四期。

70. 林慶彰：〈晚明經學的復興運動〉，民國73年12月書目季刊十八卷三期。

71. 饒宗頤：〈方以智與陳子升〉，民國63年清華學報新十卷二期。

72. 饒宗頤：〈方以智畫論〉，1974年香港中文大學中國文化研究所學報七卷一期。

73. 劉君燦：〈制器尚象闡微〉，民國74年9、10月《哲學與文化》十二卷九、十期。

74. 劉君燦：〈方圓與自然、人文思想〉，民國75年11月《中華文化復興月刊》十九卷十一期。

75. 劉君燦：〈明代——一個科技大興的時代〉，民國76年12月《晚明思潮與社會變動》論文集，弘化文化公司。

76. 任道斌：《方以智，茅元儀著述知見錄》，1985年4月書目文獻出版社。

77. 何齡修、張捷夫：《清代人物傳稿》上編第二卷，1986年2月中華書局清史編委會。

四、有關方以智的外文著作

1. 岡田武彦：〈東林學の精神〉，1953年6月東方學第六輯。

2. 小川晴久：〈方以智の自然哲學とらの構造——三浦梅園の條理との關連で——〉，1969年學習院高等科研究紀要（四）。

3. 坂出祥伸：〈方以智の思想〉，見藪內清，吉田光邦合編《明清時代の科學技術史》，1970年京都人文科學研究所。

4. 重澤俊郎: 〈方以智哲學試論〉，1968年中國の文化と社會。

5. 三浦晉: 《贅語》，1912年梅園全書本。

6. 新井白石: 《東雅》，新井白石全集本。

7. 石原道作: 《明末清初日本乞師の研究》，1945年東京。

8. 島田虔次: 《中國れおける近代思維的挫折》，1949年筑摩書房。

9. 島田虔次: 《朱子學と陽明學》，1975年岩波新書。

10. 大濱浩: 《中國的思維の傳統》，1969年勁草書房。

11. 酒井忠夫: 《中國善書之研究》，1972年國書刊行會。

12. 狄百瑞 (Theodore de Bary): 《理學之展示》(*The Unfolding of Neo-Confucianism*) Columbia University Press. New York and London 1975. 臺灣虹橋書店民國67年 7 月版。

13. 狄百瑞(Theodore de Bary): *Self and Society in Ming Thought*, Columbia University Press, New York and London 1970.

14. Arthur W. Hummel, ed.: *Eminent Chinese of The Ching Period (1644-1912)*, 1967 年臺北成文出版社版。

15. Willard James Peterson: *Fang I-Chih's Response to Western Knowledge*, Harvard Doctoral Dissertation, April, 1970.

16. Willard James Peterson: "Review of Yü Ying-shih's Fang I-chih Wan-Chieh Kao", *Harvard Journal of Asiatic Studies*, Vol. 34(1974).

17. Willard James Peterson: *Bitter Gould, Fang I-Chih and the Impetus for Intellectual Change*, Yale University Press (1979).

本書人名及重要名詞索引

世界哲學家叢書（一）

書　　　　　名	作　　　者	出　版　狀　況
孔　　　　　子	韋　政　通	已　出　版
孟　　　　　子	黃　俊　傑	已　出　版
荀　　　　　子	趙　士　林	已　出　版
老　　　　　子	劉　笑　敢	已　出　版
莊　　　　　子	吳　光　明	已　出　版
墨　　　　　子	王　讚　源	已　出　版
公　孫　龍　子	馮　耀　明	已　出　版
韓　　　　　非	李　甦　平	已　出　版
淮　　南　　子	李　　　增	已　出　版
董　　仲　　舒	韋　政　通	已　出　版
揚　　　　　雄	陳　福　濱	已　出　版
王　　　　　充	林　麗　雪	已　出　版
王　　　　　弼	林　麗　真	已　出　版
郭　　　　　象	湯　一　介	已　出　版
阮　　　　　籍	辛　　　旗	已　出　版
劉　　　　　勰	劉　綱　紀	已　出　版
周　　敦　　頤	陳　郁　夫	已　出　版
張　　　　　載	黃　秀　璣	已　出　版
李　　　　　覯	謝　善　元	已　出　版
楊　　　　　簡	鄭　曉　江　李　承　貴	已　出　版
王　　安　　石	王　明　蓀	已　出　版
程　顥　、　程　頤	李　日　章	已　出　版
胡　　　　　宏	王　立　新	已　出　版
朱　　　　　熹	陳　榮　捷	已　出　版
陸　　象　　山	曾　春　海	已　出　版

世界哲學家叢書 (二)

書　　　　　名	作　　者	出　版　狀　況
王　　廷　　相	葛　榮　晉	已　　出　　版
王　　陽　　明	秦　家　懿	已　　出　　版
李　　卓　　吾	劉　季　倫	已　　出　　版
方　　以　　智	劉　君　燦	已　　出　　版
朱　　舜　　水	李　甦　平	已　　出　　版
戴　　　　震	張　立　文	已　　出　　版
竺　　道　　生	陳　沛　然	已　　出　　版
慧　　　　遠	區　結　成	已　　出　　版
僧　　　　肇	李　潤　生	已　　出　　版
吉　　　　藏	楊　惠　南	已　　出　　版
法　　　　藏	方　立　天	已　　出　　版
惠　　　　能	楊　惠　南	已　　出　　版
宗　　　　密	冉　雲　華	已　　出　　版
永　明　延　壽	冉　雲　華	已　　出　　版
湛　　　　然	賴　永　海	已　　出　　版
知　　　　禮	釋　慧　岳	已　　出　　版
嚴　　　　復	王　中　江	已　　出　　版
康　　有　　為	汪　榮　祖	已　　出　　版
章　　太　　炎	姜　義　華	已　　出　　版
熊　　十　　力	景　海　峰	已　　出　　版
梁　　漱　　溟	王　宗　昱	已　　出　　版
殷　　海　　光	章　　　清	已　　出　　版
金　　岳　　霖	胡　　　軍	已　　出　　版
張　　東　　蓀	張　耀　南	已　　出　　版
馮　　友　　蘭	殷　　　鼎	已　　出　　版

世界哲學家叢書（三）

書　　　　　名	作　　者	出　版　狀　況
牟　　宗　　三	鄭　家　棟	已　　出　　版
湯　　用　　彤	孫　尚　揚	已　　出　　版
賀　　　　　麟	張　學　智	已　　出　　版
商　　羯　　羅	江　亦　麗	已　　出　　版
辨　　　　　喜	馬　小　鶴	已　　出　　版
泰　　戈　　爾	宮　　　靜	已　　出　　版
奧羅賓多·高士	朱　明　忠	已　　出　　版
甘　　　　　地	馬　小　鶴	已　　出　　版
尼　　赫　　魯	朱　明　忠	已　　出　　版
拉達克里希南	宮　　　靜	已　　出　　版
李　　栗　　谷	宋　錫　球	已　　出　　版
空　　　　　海	魏　常　海	已　　出　　版
道　　　　　元	傅　偉　勳	已　　出　　版
山　鹿　素　行	劉　梅　琴	已　　出　　版
山　崎　闇　齋	岡　田　武　彥	已　　出　　版
三　宅　尚　齋	海老田輝巳	已　　出　　版
貝　原　益　軒	岡　田　武　彥	已　　出　　版
荻　生　徂　徠	王　祥　齡 劉　梅　琴	已　　出　　版
石　田　梅　岩	李　甦　平	已　　出　　版
楠　本　端　山	岡　田　武　彥	已　　出　　版
吉　田　松　陰	山　口　宗　之	已　　出　　版
中　江　兆　民	畢　小　輝	已　　出　　版
蘇格拉底及其先期哲學家	范　明　生	排　　印　　中
柏　　拉　　圖	傅　佩　榮	已　　出　　版
亞　里　斯　多　德	曾　仰　如	已　　出　　版

世界哲學家叢書（四）

書　　　　　　　名	作　　者	出　版　狀　況
伊　壁　鳩　魯	楊　　適	已　出　版
愛　比　克　泰　德	楊　　適	已　出　版
柏　　羅　　丁	趙　敦　華	已　出　版
伊　本·赫　勒　敦	馬　小　鶴	已　出　版
尼　古　拉·庫　薩	李　秋　零	已　出　版
笛　　卡　　兒	孫　振　青	已　出　版
斯　賓　諾　莎	洪　漢　鼎	已　出　版
萊　布　尼　茨	陳　修　齋	已　出　版
牛　　　　頓	吳　以　義	已　出　版
托　馬　斯·霍　布　斯	余　麗　嫦	已　出　版
洛　　　　克	謝　啓　武	已　出　版
休　　　　謨	李　瑞　全	已　出　版
巴　　克　　萊	蔡　信　安	已　出　版
托　馬　斯·銳　德	倪　培　民	已　出　版
梅　　里　　葉	李　鳳　鳴	已　出　版
狄　　德　　羅	李　鳳　鳴	已　出　版
伏　　爾　　泰	李　鳳　鳴	已　出　版
孟　德　斯　鳩	侯　鴻　勳	已　出　版
施　萊　爾　馬　赫	鄧　安　慶	已　出　版
費　　希　　特	洪　漢　鼎	已　出　版
謝　　　　林	鄧　安　慶	已　出　版
叔　　本　　華	鄧　安　慶	已　出　版
祁　　克　　果	陳　俊　輝	已　出　版
彭　　加　　勒	李　醒　民	已　出　版
馬　　　　赫	李　醒　民	已　出　版

世界哲學家叢書（五）

書　　　　　名	作　者	出　版　狀　況
迪　　　　　昂	李　醒　民	已　出　版
恩　格　斯	李　步　樓	已　出　版
馬　克　思	洪　鐮　德	已　出　版
約　翰　彌　爾	張　明　貴	已　出　版
狄　爾　泰	張　旺　山	已　出　版
弗　洛　伊　德	陳　小　文	已　出　版
史　賓　格　勒	商　戈　令	已　出　版
韋　　　　　伯	韓　水　法	已　出　版
雅　斯　培	黃　　藿	已　出　版
胡　塞　爾	蔡　美　麗	已　出　版
馬　克　斯・謝　勒	江　日　新	已　出　版
海　德　格	項　退　結	已　出　版
高　達　美	嚴　　平	已　出　版
盧　卡　奇	謝　勝　義	已　出　版
哈　伯　馬　斯	李　英　明	已　出　版
榮　　　　　格	劉　耀　中	已　出　版
皮　亞　傑	杜　麗　燕	已　出　版
索　洛　維　約　夫	徐　鳳　林	已　出　版
費　奧　多　洛　夫	徐　鳳　林	已　出　版
別　爾　嘉　耶　夫	雷　永　生	已　出　版
馬　賽　爾	陸　達　誠	已　出　版
阿　圖　色	徐　崇　溫	已　出　版
傅　科	于　奇　智	已　出　版
布　拉　德　雷	張　家　龍	已　出　版
懷　特　海	陳　奎　德	已　出　版

世界哲學家叢書（六）

書　　　　　名	作　　者	出　版　狀　況
愛　因　斯　坦	李　醒　民	已　　出　　版
皮　　爾　　遜	李　醒　民	已　　出　　版
玻　　　爾	戈　　革	已　　出　　版
弗　　雷　　格	王　　路	已　　出　　版
石　　里　　克	韓　林　合	已　　出　　版
維　根　斯　坦	范　光　棣	已　　出　　版
艾　　耶　　爾	張　家　龍	已　　出　　版
奧　　斯　　丁	劉　福　增	已　　出　　版
史　　陶　　生	謝　仲　明	已　　出　　版
馮　·　賴　特	陳　　波	已　　出　　版
赫　　　爾	孫　偉　平	已　　出　　版
愛　　默　　生	陳　　波	已　　出　　版
魯　　一　　士	黃　秀　璣	已　　出　　版
普　　爾　　斯	朱　建　民	已　　出　　版
詹　　姆　　士	朱　建　民	已　　出　　版
蒯　　　因	陳　　波	已　　出　　版
庫　　　恩	吳　以　義	已　　出　　版
史　蒂　文　森	孫　偉　平	已　　出　　版
洛　　爾　　斯	石　元　康	已　　出　　版
海　　耶　　克	陳　奎　德	已　　出　　版
喬　姆　斯　基	韓　林　合	已　　出　　版
馬　克　弗　森	許　國　賢	已　　出　　版
尼　　布　　爾	卓　新　平	已　　出　　版
呂　　格　　爾	沈　清　松	已　　出　　版